톨스토이

아름다운 세상

톨스토이

L. N. 톨스토이 지음 · 동완 옮김

아름다운 세상

좋은 책 좋은 독자를 만드는 —
㈜신원문화사

옮긴이의 말

 톨스토이의 생애에 대하여 조금이라도 알고 있는 사람이라면 1870년이 저물어 갈 무렵 참회 속에서 피에 물들여진 정신적인 고뇌를 경험함으로써 그가 '위대한 귀족 지주로부터 위대한 농부로' 생애의 대전환을 이루었음을 알 것이다. 그의 이러한 대전환에 관한 소문이 퍼짐에 따라 올바른 인생을 추구하고자 하는 사람들이 그의 주변에 수없이 모여들었다.
 톨스토이는 종교·예술·과학을 비롯하여 수세기에 걸친 선인들의 풍요한 유산 가운데 가장 유익하고, 민중의 심리를 이해할 수 있으며, 인류의 합일과 행복에 기여할 수 있는 자료를 수집함으로써 민중이 쉽게 이해할 수 있는 새로운 형식으로 널리 보급시키기 위하여 노력했다.

여기에서 이 책을 옮긴이로서 톨스토이에 대하여 다소나마 진술하지 않을 수 없다.

톨스토이는 18세가 되는 해부터 인생 일기를 쓰기 시작했다. 그 속에는 자신에 대한 피눈물 나는 내적인 노력이 엿보이기도 한다. 그는 자기를 위하여 처세법을 썼으며, 일과를 정해놓고 지극히 높고도 행복한 여러 가지 목적을 자기 자신에게 부과시키기도 했다. 그가 그 당시 이미 자신의 내부 속에 있는 영혼의 세계에 덧붙인 의의는 일기 속에서도 엿볼 수 있다.

그는 민중적인 신앙의 꽃을 땅에 일구어 심기도 했다. 또한 이처럼 위대한 사상가의 영혼은 이러한 불꽃을 확대하고 아름다운 색깔로 채색함으로써 깊은 의의를 덧붙였다.

그의 진리를 추구하는 욕구, 인생의 근본적인 문제 해결을 위한 탐구, 인간에게 주어진 보편적인 기초와 그 밑거름을 찾으려는 욕망은 회의적이며 방종적인 내적 생활을 보낸 뒤였다.

그의 내부는 긴장으로 가득 차 있었고, 그의 영적인 생활의 본질에는 헌신적인 사랑이 뭉쳐져 있었다.

그리고 톨스토이는 이렇게 말하기도 했다.

"우리는 중단 없이 전진하고 있다. 우리는 활동적인 존재이다. 이와 같은 활동력을 어느 쪽으로 향해 이바지하면 좋은가?"

여기에서 살펴볼 때 이러한 철학은 그의 인생관 자체이며, 그 인생관은 그의 실생활과 연결되는 것이기도 하다.

이 책에 수록된 명언들과 일기는 톨스토이가 인생이라는 웅장한 산에 올랐을 때, 엄숙한 말씀이 그에게 속삭여 준 것이 아닐까 싶다.

그리고 그와 같은 말씀은 또한 우리가 내면생활을 드높이기 위해서 인생을 제대로 이해하기 위해서는 반드시 필요한 것이자, 인생을 창조하기 위해서는 반드시 필요한 것이기도 하다. 아울러 그 말씀은 우리의 영혼 속에 스며들 것이며, 우리를 절망의 밑바닥에서 구할 유일한 길잡이이기도 하다.

차례

옮긴이의 말 • 4

chapter 1　1월의 이야기 • 9

chapter 2　2월의 이야기 • 27

chapter 3　3월의 이야기 • 47

chapter 4　4월의 이야기 • 67

chapter 5　5월의 이야기 • 87

chapter 6　6월의 이야기 • 109

chapter 7　7월의 이야기 • 133

chapter 8　8월의 이야기 • 159

chapter 9　9월의 이야기 • 179

chapter 10　10월의 이야기 • 201

chapter 11　11월의 이야기 • 223

chapter 12　12월의 이야기 • 247

chapter 1
1월의 이야기

다른 사람의 슬픔에 대하여 냉담하고 무관심하게 있을 수
있는 사람은 오직 부유한 자뿐이다.

―유대 경전

Story this month

~ • 1월의 이야기 • ~

봄의 어느 순간

함박눈이 펄펄 내린 뒤 사흘씩이나 맑고 따뜻한 날씨가 계속되었다. 어느덧 거리의 눈이 모두 녹고, 지붕에서는 마지막 눈이 햇볕에 녹아 낙숫물이 떨어졌다. 정원의 나뭇가지에서는 싹이 트기 시작했으며, 얼어붙은 말똥 무더기 옆에는 마구간으로 가는 좁다란 길이 말라 있었다.

그리고 입구 층계 쪽에는 돌과 돌 사이에서 이끼 같은 새싹이 돋고 있다. 그것은 인간의 심리에 가장 강렬하게 작용하는 유별난 봄의 한 순간이라고 할 수 있다.

어떠한 이유에서인지 이와 같은 봄의 싹틈이 인간의 심리에 끼치는 영향은 큰 도시일수록 더 강렬하고 뚜렷하게 느껴진다. 눈에 보이는 것은 작지만 느껴지는 것은 훨씬 더 많으니 말이다.

Daily stories

1월 1일

　추운 어느 겨울날 프란체스코는 동생 레브와 함께 페루지아로부터 폴치온줄리를 향해 걷고 있었다. 대단히 추웠기 때문에 그들은 몸을 떨고 있었다.

　프란체스코는 앞서 걷고 있는 레브를 불렀다.

　"오오, 레브, 어떻게 해서든지 우리 형제가 세계 전체에 거룩한 삶의 한 모범을 보여주고 싶구나. 하지만 동생이여, 완전한 희열은 거기에 있지 않음을 명심하라."

　말없이 얼마를 걷다가 프란체스코는 다시 레브를 불렀다.

"레브, 우리가 가령 환자를 치유하거나, 악귀를 쫓아내거나, 장님의 눈을 뜨게 하거나, 죽은 지 얼마 안 되는 사람을 살릴 수 있게 되더라도 완전한 희열은 거기에도 없음을 명심해야 한다."

얼마쯤 걷다가 또 프란체스코는 레브를 불렀다.

"레브, 하느님의 착한 양인 동생이여, 우리가 비록 영어를 지껄일 줄 알고, 또 별의 운행을 알지라도, 지상의 모든 보물을 우리가 발견해냈을지라도, 또한 우리가 온갖 짐승과 인간, 초목과 들과 물의 비밀을 모두 알고 있다고 할지라도 그것 역시 완전한 희열은 아님을 명심해야 된다."

또다시 말없이 얼마를 걷다가 프란체스코는 거듭 동생을 불렀다.

"그리고 또 한 가지, 우리가 가령 모든 이교도들을 기독교로 개종시킬 수 있다고 해도 거기에 완전한 희열이 있는 건 아님을 명심해야 한다."

이때 동생인 레브가 프란체스코에게 물었다.

"형님, 그럼 완전한 희열이란 어디에 있는 것입니까?"

프란체스코는 대답했다.

"그것은 우리가 먼지투성이가 되어 눈에 젖고 추위에 떨면서 굶주리고 파리한 모습으로 폴치온줄리에 당도해서 성문을 열어달라고 애원하는데도 불구하고, 문지기가 우리들을 보고 '부랑자여 무엇 때문에 너희들은 이 세상을 헤매고 있는가? 대중의 마음을 어지럽히고, 가난한 사람들에게 음식을 구걸하기 위해선가? 여기서 썩

꺼지지 못할까?' 하고 소리치면서 문을 열어주지 않는 경우이다. 그때 우리가 노여움을 품지 않고 사랑과 겸손한 마음으로, 굶주림과 혹한에 몸을 떨면서도 문지기를 원망하지 않고 새벽까지 눈과 진창 속에서 기다릴 수 있다면, 동생이여, 그때 비로소 완전한 희열을 얻을 수 있을 것이다."

1월 2일

현세적인 성공을 얻고자 하는 사람은 하룻밤도 편히 잠들 수 없다. 끊임없이 마음을 괴롭히며 강한 자에게 아첨하고 비굴한 행동을 하지 않으면 안 된다.

결국 그는 무엇을 얻었단 말인가?

이러한 사람은 어느 정도의 영광 가운데 사람들에게 두려움을 주고, 사람들 위에 서서 어느 정도 지도할 수 있을지도 모른다. 그렇지만 그는 왜 그러한 일체의 번거로움 가운데서 벗어나려고 하지 않는가? 밤에 고이 잠자고 두려운 것도 없이 아무런 괴로움도 받지 않기 위한 노력은 하지 않는가?

그것은 최고의 평화이며, 그러한 평화는 절대로 무상으로 얻을 수 없다는 것을 알아야만 한다.

―에픽테토스

1월 3일

육체의 죽음과 동시에 우리의 인생은 끝나는 것인가? 이 의문은 중대한 것이다. 하지만 사람들은 이 문제를 그다지 깊게 생각하지 않는다.

우리가 영원한 생을 믿고 있는가 믿지 않는가, 우리의 행위가 지적인지 사려가 없는 것인지를 생각해보아라. 대부분의 지혜로운 행위란 참된 인생은 불멸이라고 믿는 데 그 기초를 두고 있다. 그러므로 우리가 최초로 마음을 괴롭히지 않으면 안 될 일은 인생에는 분명히 불멸하는 그 무엇이 있다는 점을 확실히 알며 그것을 이해하는 것이다.

—파스칼

1월 4일

다른 사람의 잘못을 찾아내기는 쉽지만 자신의 잘못을 깨닫기는 몹시 어렵다. 다른 사람의 잘못에 대하여 말하기를 좋아하지만 자신의 잘못은 기를 쓰고 감추려고 한다.

사람은 언제나 남을 비난하기를 좋아한다. 다른 사람의 잘못을 찾기에 열중할 때 그 분노는 한결 커지며 그 자신을 착한 인간과는 멀어지게끔 한다.

—잠파다

1월 5일

우리는 무언가를 알고 있거나, 알려고 하면 알 수 있다. 인간의 정신과 양심은 신에게 속한다는 것, 악을 부정하고 선을 인정함에 있어서 인간 자신이 신의 구체화로 나타난다는 것, 인간의 기쁨은 사랑에 있으며, 인간의 고통은 분노에 있으며, 인간의 고뇌는 부정이 나타날 때 생기며, 인간의 행복은 자기희생에 있다는 것, 이러한 사실들은 인간이 신과 결합해 있다는 명백한 증거이다.

―러스킨

1월 6일

신앙이 희박한 사람은 다른 사람에게 신앙을 일깨워 줄 수 없다.

―노자

이 세상의 모든 죄는 '유다'의 죄이다. 사람들은 그리스도를 믿는 것이 아니라 그리스도를 팔고 있다.

―러스킨

1월 7일

생활을 이성의 테두리 속에 두고 그것에 봉사하는 사람, 양심의 괴로움을 모르는 사람, 고독을 겁내지 않고 소란한 사회를 가까이 하지 않는 사람, 그와 같은 사람은 고귀한 생활을 하고 있는 사람이다. 그는 사람들로부터 떨어지지도 않고, 쫓기지도 않는 사람이다. 그의 영혼이 언제나 육체의 옷을 입고 있다는 데 마음을 쓸 필요가 없다.

그의 행위는 죽음을 앞에 두고도 평상시와 조금도 다름이 없다. 그에게 있어서 불안은 자신이 사람들과 평화로이 사귀고 지혜로운 생활을 하고 있는가 어떤가라는 그 점뿐이다.

—마르쿠스 아우렐리우스

1월 8일

발끝으로는 오랫동안 서 있을 수 없다.

자기 자신을 과시하는 사람은 빛날 수가 없고, 자기만족에 취한 사람은 영광에 도달할 수가 없다. 자랑하는 자는 보상을 바랄 수가 없다. 교만한 자는 그 이상으로 자신을 높일 수가 없다. 이성이 판단 앞에 나서면 그들은 무용지물에 지나지 않는다. 그리하여 모든 사람들에게 혐오를 일으키게 하는 것이다. 그러므로 이성을 가진 사람은 자기 자신에게 지나친 신뢰를 두지 않는 법이다.

—노자

1월 9일

신앙이 깊은 사람은 젊었을 때 그 노년이 부끄럽지 않도록 노력하라고 한다. 나이가 들어 참회할 때가 되면 우리의 노년이 젊었을 때의 죄를 조금이라도 덜 수 있도록 노력하라고 한다. 그래서 젊었을 때나 늙었을 때나 죄 없는 사람은 참으로 행복하지만 죄를 지은 사람도 회개할 때는 반드시 용서받을 수 있다고 그렇게 말한다.

1월 10일

이웃을 미워하는 사람은 다른 사람의 피를 흘리게 하는 것이나 마찬가지이다.

남을 미워하는 사람은 머지않아 스스로가 그의 가장 잔악한 원수만이 희망하는 함정 속으로 빠져들 것이다. 방금 짜낸 우유는 시지 않다. 다른 사람에 대한 증오는 금방 나타나는 것이 아니다. 재 속에 파묻힌 잿불처럼 조금씩 타올라 그 본인을 괴롭힌다.

1월 11일

다른 사람의 슬픔에 대하여 냉담하고 무관심하게 있을 수 있는 사람은 오직 부유한 자뿐이다.

―유대 경전

1월 12일

다른 사람에게 악한 일을 행했을 때는 그것이 아무리 작은 일일지라도 대단히 큰 일이라고 생각하라. 다른 사람에게 착한 일을 행했을 때는 대단하지 않은 일이었다고 생각하라. 남에게는 사소한 일일지라도 그대에게 착한 일을 해 주었을 때에는 참으로 고마운 일이었다고 생각하라. 가난한 자를 돕는 자에게는 신의 축복이 있으리라. 가난한 자를 사랑으로 맞이하고 사랑으로 보내는 자에게는 두 배의 축복이 있으리라.

―유대 경전

1월 13일

사람들이 걸어가지 않으면 안 될 올바른 길, 지켜야 할 도덕은 사람들로부터 먼 곳에 있는 것이 아니다. 만약 사람들이 자기들보다 멀리 있는 것, 즉 자기들의 본질과 일치하지 않는 것을 도덕이라고 한다면 그것은 악이다.

도끼 자루를 깎는 목수는 만들 모형을 가지고 있다. 깎은 자루를 손에 들고 새로운 자루를 만들려고 모형과 잘 비교해 본다. 그와 같이 성인은 자기 자신을 아끼는 감정, 그것으로써 남을 대하며 그것으로써 행위에 대한 믿을 만한 도덕을 발견하는 것이다. 그는 자기가 바라지 않는 것, 즉 자기가 싫어하는 것은 남에게도 행하지 않는다.

―공자

1월 14일

자신을 미워하는 사람을 미워하지 않고 지낸다는 것은 말할 수 없는 행복이다. 미움이 없는 세상에 살 수 있다면 얼마나 행복할 것인가? 탐욕의 세상에서 탐욕을 모르고 산다는 것은 참으로 행복한 일이다. 탐욕 때문에 고생하는 사람들이 사는 세상에서 살고 있지만, 탐욕에서 해방되어 살도록 하자.

아무것이나 내 것이라고 주장하지 않는다는 것은 참으로 행복한 일이다. 그때 우리는 성스러움에 가득 차며 찬란하게 빛나는 존재인 신과 같이 성스러워질 것이다.

―잠파다

1월 15일

간단한 생활·언어·습관은 국민에게 힘을 준다. 호화로운 생활과 허위허식에 찬 말 그리고 유약한 습관은 국민을 허약함과 파멸로 이끈다.

―러스킨

1월 16일

말[馬]은 그 빠른 속력으로 적으로부터 도망친다. 말의 불행은 닭처럼 울 수 없다는 것이 아니라 말에게 주어진 것, 즉 빠른 속력을 잃어버

린다는 것이다.

개는 냄새를 맡는 힘을 가지고 있다. 그리고 개는 개에게 주어진 것, 즉 냄새를 맡는 능력을 빼앗겼을 때 불행한 것이다. 날 수 없다는 것은 개의 불행이 아닌 것이다.

이러한 말은 인간에게도 적용시킬 수가 있다. 인간은 곰이나, 사자, 악인들을 힘으로 정복할 수 없을 때 불행해지는 것이 아니다. 그러나 인간에게 주어진 것, 즉 선과 이성을 잃어버렸을 때 불행해지고 마는 것이다. 인간이 태어나서 죽는다는 것, 자신의 집이나 돈, 즉 인간 자신에게 속하지 않는 것을 빼앗긴 것은 슬퍼해야 할 일이 아니다. 그러나 인간의 참된 재산, 즉 존엄을 잃었을 때는 슬퍼해야 할 것이다.

―에픽테토스

1월 17일

삼라만상은 모두 한 가지 법칙 밑에 있다. 모든 합리적인 존재 속에는 하나의 같은 진리가 있다. 진리는 항상 하나이다. 진리를 깨우친 사람들에게 완전이란 진리에 대한 관념과 마찬가지로 항상 하나이다.

모든 행복은 진리의 행복을 전제로 하는 그 무엇이다. 모든 즐거움은 진리의 즐거움을 전제로 한 그 무엇이다. 진리의 즐거움은 항상 다른 모든 즐거움보다 더욱 크다.

―잠파다

1월 18일

내일을 걱정하지 마라. 왜냐하면 아직 오늘 무슨 일이 일어날지도 모르기 때문이다. 빵을 광주리 속에 집어넣고 '내일 먹기로 하자.' 하는 사람은 신앙이 약한 사람이다. 그날 하루를 주신 신은 그날 하루의 양식도 주신다.

1월 19일

허위의 부끄러움은 악마가 즐겨 쓰는 무기이다. 거짓 자랑이 더하면 더할수록 허위의 부끄러움도 더 커진다. 거짓 자랑은 악을 낳을 뿐이지만 허위의 부끄러움은 선을 마비시키는 것이다.

―러스킨

1월 20일

우리 일상의 생활은 우리 생각의 결과이다. 우리의 생활은 우리 가슴속에서 그리고 생각 속에서 생성된다. 만일 우리가 악한 생각에 의하여 말하고 행동한다면 번뇌는 끊임없이 마차 바퀴와 말의 관계처럼 뒷덜미에 붙어 다닐 것이다. 하지만 선량한 생각을 가지고 말하고 행동한다면 기쁨은 결코 우리로부터 떠나지 않을 것이며 그림자같이 언제나 우리와 함께 있을 것이다.

1월 21일

인간의 가장 칭찬할 만한 것은 수치를 아는 것이다. 왜냐하면 수치를 아는 사람은 무의식적으로 죄를 범하는 일이 없기 때문이다.

—유대 경전

1월 22일

항상 신의 뜻을 좇아 행동하며 모든 일에 있어서 신에게 순종하는 사람은 얼마나 큰 힘이 생기게 될 것인가!

—마르쿠스 아우렐리우스

1월 23일

그토록 사람들이 매혹되는 모든 것, 사람들이 얻기 위하여 그토록 흥분하고 골몰하는 것은 사실 그 사람들에게 아무런 행복도 가져다주지 않는다. 그리고 무릇 인간이란 구하던 것을 얻으면 씻은 듯 잊어버리고 다시 자신이 얻지 못한 또 다른 것을 위하여 정신없이 덤벼들어 시기하고 비통해한다. 이런 결과가 생기는 것은 지극히 당연하다. 왜냐하면 자신의 지속적인 욕망이 달성될 때 마음의 자유를 얻는 것이 아니라 그 욕망을 버릴 때 비로소 마음의 자유를 얻는 것이므로…….

1월 24일

언제나 정직하라. 특히 어린아이들에게는. 아이들과 한 약속은 반드시 지켜라. 그렇게 하지 않으면 당신은 아이들에게 거짓말을 가르치게 되는 것이다.

─유대 경전

1월 25일

사람의 마음은 선하지 않다. 오히려 정의·중용·선덕에서 벗어나려는 힘이라고 할 수 있다. 이 점을 똑똑히 이해한다면 그만큼 그대는 다른 사람에게 더욱 선하게 대할 수 있을 것이다.

─마르쿠스 아우렐리우스

1월 26일

곪은 상처가 있다고 해서 그에게 화를 낼 수 있겠는가? 그 사람의 상처가 그대에게 불쾌감을 주는 것은 그의 잘못이 아니다. 남의 결점에 대해서도 이와 같은 마음으로 대하지 않으면 안 된다.

그러면 그대는 이렇게 말할지도 모른다.

"자기의 결점을 알고 이것을 교정하기 위해 인간에게 이성이 있는 것이다."

그것은 확실히 그렇다. 그대에게도 이성은 있을 것이다. 그대는 남의 결점에 대해서 그에게 화를 낼 것이 아니라 반대로 분노나 초조나 교만을 뿌리째 뽑고, 합리적이고 따뜻한 응대로써 그의 양심을 눈뜨게 하도록 노력해야 한다는 것을 판단할 수 있을 것이다.

―마르쿠스 아우렐리우스

1월 27일

이 세상에 존재하는 것과 비교하여 볼 때, 인간은 약한 갈대에 지나지 않는다. 그러나 인간은 이성을 부여받은 갈대이다. 우리의 모든 재보(財寶)는 이성 속에 포함되어 있다. 이성만이 우리를 다른 것보다 높여 줄 수 있다. 이성을 존중하고 지지하자. 이성은 모든 우리의 생활을 비추어 주며 무엇이 선이며 무엇이 악인가를 우리에게 가르쳐 줄 것이다.

―파스칼

1월 28일

죄를 착한 행동의 결과로서 덮어버리는 사람은 이 암흑의 세상에 있어 어두운 날 밤의 달과 같이 비칠 것이다. 오직 힘이 약해지기 전부터라도 죄를 뉘우치는 사람에게 복이 있으라. 힘이 당신에게서 떠나지 않는 동안에 뉘우쳐라. 빛이 아직 사라지기 전에 기름을 쳐라.

―유대 경전

1월 29일

진리는 서로 떠들고 토론하는 데에서 얻어지는 것은 아니다. 오직 노력과 성찰에 의해서만 얻을 수 있다. 그대가 어떤 진리를 얻었을 때 연달아 다른 하나의 진리가 그대 앞에 쌍자성(雙子性) 식물의 잎처럼 싹틀 것이다.

—러스킨

1월 30일

허위 속에서도 진실을 생각하고, 진실 속에서도 허위를 보려는 사람은 결코 진실을 이해할 수 없다. 그리고 언제까지나 깨달음 없이 착오 속에서 헤맬 것이다. 그러나 허위 속에 허위를 보고, 진실 속에서 진실을 인식하는 사람은 이미 참다운 진실에 가까이 이르러 있으며, 그가 나아가는 길은 믿을 만하다. 설비가 좋지 않은 건물에서는 아무리 해도 빗물이 흘러든다. 그와 마찬가지로 조심성 없는 마음속에서는 여러 가지 정욕이 파고드는 법이다.

1월 31일

예술은 인간에게 유익할 때에만 옳은 것이다. 예술의 목적은 가르침이다. 그것은 단순히 가르친다는 것이 아니라 사랑을 가지고 가르친다는 것이다. 예술이 오로지 사람들의 오락일 뿐이고 진리를 제시하는 힘이 없을 때 그것은 참다운 예술이나 고상한 예술도 아니다.

―러스킨

　기교적인 말을 하고 아첨하는 태도를 보이는 사람은 박애의 덕성을 얻지 못한다.

―중국 성언

chapter 2
2월의 이야기

참으로 위대한 일은 서서히 그리고 눈에 보이지 않는 성장 속에서 이루어진다.

―세네카

Story this month

~ • 2월의 이야기 • ~

큰곰별(북두칠성)

아주 먼 옛날 이 지상에는 대단한 가뭄이 있었다. 강이라는 강, 샘이라는 샘은 모두 말라 버렸다. 그리하여 나무와 풀은 시들어 버리고 사람과 온갖 짐승들도 물이 없어서 자꾸 죽어 갔다.

어느 날 밤, 한 소녀가 바가지를 들고 물을 찾아 나섰다. 소녀의 어머니가 병중이었으므로 물이 꼭 필요했다. 그러나 어디를 찾아가도 물은 단 한 방울도 없었다. 소녀는 찾다 지쳐서 풀 위에 누운 채 잠들고 말았다.

잠에서 깬 소녀가 걱정스레 바가지를 바라보자 물이 바가지에 넘칠 듯이 가득 담겨져 있지 않는가!

소녀는 너무나 즐거워서 어쩔 줄을 몰랐다. 목이 타는 김에 그 물을 마셔 버릴까 생각하다가 어머니에게 물을 가져가야 한다는 생각에 바가지를 들고 뛰어갔다.

소녀는 빨리 가야겠다는 생각밖에 없었으므로 발아래 개가 있는 것을 알지 못했다. 개가 발길에 차이는 바람에 그만 바가지를 떨어뜨리고 말았다. 개는 슬픈 듯이 짖었고 소녀는 힘없이 바가지를 주워들었다.

소녀는 물을 모두 엎질러 버렸다고 생각했다. 그러나 이상하게도 물은 그대로 가득 차 있었다. 소녀는 양손으로 물을 떠서 개에게 주었다. 개는 맛있게 받아먹고 매우 좋아했다.

소녀가 바가지를 다시 잡는 순간 나무바가지는 은바가지로 변했다.

소녀는 물을 가지고 가서 어머니에게 주었다. 그러나 어머니는 고개를 저으며 말했다.

"이 어미는 이제 죽은 몸이니까 먹지 않아도 된다. 어서 너나 먹어라."

어머니가 소녀에게 바가지를 내밀었다. 그러자 그때 은바가지가 금바가지로 변했다.

소녀는 목이 말라 이제는 더 견딜 수가 없었다. 소녀가 바가지에 입을 가져다 대려고 했을 때 한 노인이 들어와서 물을 좀 마시게 해 달라고 했다.

소녀는 침을 삼키며 노인에게 먼저 바가지 물을 드렸다. 그러자 갑자기 그 바가지 속에서 일곱 개의 다이아몬드가 튀어나왔다. 그리고 맑은 물이 폭포처럼 쏟아졌다.

그리하여 일곱 개의 다이아몬드는 높이 하늘로 떠올라서 큰곰별[大熊星]이 되었다.

Daily stories

2월 1일

예수가 말했다.

"부자는 하늘나라에 들어가기가 어렵다. 거듭 말하지만 부자가 하느님 나라에 들어가는 것보다는 낙타가 바늘귀로 빠져나가는 것이 더 쉬울 것이다."

도가 행해지는 세상에서는 적극적으로 벼슬을 해야 하며, 도가 올바르게 행해지지 않는 세상에서는 숨어 살아야 한다. 그러므로 올바른 세상에서 가난하고 천하게 사는 것은 부끄러운 일이며, 올바르지 못한 세상에서 부귀한 것도 또한 부끄러운 일이다.

―중국 성언

2월 2일

스스로 읽고 쓸 줄을 모르는 자는 남을 가르칠 수 없다. 그와 마찬가지로 자기 할 일을 모르는 사람은 남에게 무엇을 해야 한다고 가르쳐 줄 수 없다.

상처가 없는 손이라면 독사도 만질 수 있을 것이다. 강한 손에는 독도 그 해를 미칠 수 없다. 자기 자신이 악을 만들어 내지 않는 사람에게만 악은 무해하다.

―잠파다

2월 3일

가장 비참한 사람도 반드시 그 어떤 능력은 가지고 있는 법이다. 또한 그 능력이 언뜻 보아서는 아무리 평범한 것으로 생각되더라도 반드시 어느 면에서는 독특한 것이며, 그것을 정당하게 사용함으로써 인류 전체를 위한 큰 힘이 될 수도 있을 것이다.

―러스킨

2월 4일

사람은 여러 가지 논쟁을 꾸밀 힘은 있다. 그러나 그 논쟁을 막을 힘은 없다. 왜냐하면 논쟁 중에는 아무리 물을 끼얹어도 꺼지지 않는 불과 같이 더욱 불타오르기 때문이다.

—유대 경전

2월 5일

한 번도 병에 걸리지 않은 육체, 완벽한 건강을 지닌 육체는 없을 것이다. 아무리 소비해도 줄어들지 않는 재산은 없을 것이다. 아무도 모함하려고 하지 않는 권세란 없을 것이다. 육체나 재산 그리고 권세도 얼마 후에는 반드시 소멸되며 부패하는 법이리라.

그리고 오직 이러한 욕망 속에서만 삶의 의의를 인정하는 사람은 항상 무엇인가 불안하고 두렵고 슬프고 괴로울 것이다. 그러한 사람은 언제까지나 원하는 것을 얻을 수 없으며 피하고자 하는 함정 속에 빠지고 말 것이다.

오직 인간의 마음만이 그 어떤 난공불락의 요새 이상으로 위험이 없다. 그럼에도 불구하고 어찌하여 우리는 우리의 유일한 요새를 약화시키려고 애쓰는 것일까? 어찌하여 우리는 우리의 마음에 기쁨을 가져올 수 없는 일에만 골몰하는 것일까? 그리고 어찌하여 우리는 우리의 마음에 평화를 가져다 줄 수 있는 유익한 일에 대하여 노력하지 않는 것일까?

우리는 항상 다음의 것을 잊고 있다.

우리의 양심만 깨끗하다면 그 무엇도 우리를 해칠 수 없다는 것,

무분별과 세속적인 하찮은 것을 얻고자 하는 욕망에서만 온갖 적의(敵意)와의 싸움이 발생한다는 것을 잊고 있다.

—에픽테토스

2월 6일

참으로 위대한 일은 서서히 그리고 눈에 보이지 않는 성장 속에서 이루어진다.

—세네카

모든 참된 사상과 생명 있는 사상은 그 자체의 생활을 가지고 있다. 곧게 자라고 또 변화시킬 수 있는 힘을 가지고 있다. 그러나 그 변화는 결코 구름의 변화 같은 것이 아니라 나무의 변화와 같은 것이다.

—러스킨

2월 7일

사람은 동시에 두 주인을 받들 수 없다. 한쪽을 미워하고 다른 쪽을 사랑하거나, 한쪽을 존중하고 다른 쪽을 업신여기게 되기 때문이다. 이쪽 주인에게 충실하면 다른 쪽 주인은 소홀하게 대접하게 되기 때문이다. 그대는 신과 재물을 동시에 섬길 수는 없다.

동시에 자신의 영혼과 세속적인 행복에 대하여 마음을 쓸 수 없다. 만일 세속적인 행복을 얻고 싶다면 자기 영혼을 잃지 않으면 안 된다. 반대로 자신의 영혼을 지키고자 한다면 세속적인 행복을 피하지 않으면 안 된다. 그렇지 않다면 그대는 언제나 두 세계에 분리되어 그 모두를 잃고 말 것이다.

어떤 세속적인 일로 타격을 입고 파괴적인 상태에 빠졌을 때 자신은 반드시 죽는 생명임을 생각하라. 그때 비로소 이제까지는 커다란 불행으로 여겨지고 그대를 상심하게 하던 모든 것은 그대의 눈에 다만 하찮은 것, 걱정할 가치조차 없는 것으로 보일 것이다.

―에픽테토스

2월 8일

인간의 영혼은 내부에서 빛을 발하는 투명한 구체(球體)라 할 수 있다.

그 빛은 영혼 자체에 대해서 모든 진리와 광명의 원천이 될 뿐만 아니라 일체의 외부적인 존재에 대해서도 빛을 비친다.

이와 같이 하여 인간의 영혼은 참된 자유와 행복한 상태 속에 있는 것이다.

다만 외부 세계에 대한 정념이 그 구체의 미끄러운 표면을 소란하게 하고 어둡게 하는 것이다. 그 때문에 손상당하는 것이다.

―마르쿠스 아우렐리우스

2월 9일

어떠한 인간의 행위일지라도 그것이 착하고 고귀하고 훌륭한 것이라면 먼 미래를 위한 행위라고 할 수 있다. 그 먼 미래에 대한 예견과 확고한 인내는 다른 모든 속세의 인간들로부터 그를 멀리하게 하고 신께 가까이 가게 한다. 또한 그것은 단순히 개인의 행위에 대해서 뿐만 아니라 모든 예술과 사업에 대해서도 해당되며, 예술 또는 사업의 영원함을 측량하는 가장 타당한 척도이기도 하다.

―러스킨

2월 10일

그대가 얼마나 많은 사람들에게서 존경을 받는가보다 어떤 사람들에게서 존경을 받는가가 중요한 문제이다. 나쁜 사람들에게 호의를 얻지 못하는 사람이야말로 칭찬할 만한 사람이라 할 것이다.

―세네카

2월 11일

사리를 분별할 줄 아는 사람에게는 인생이 참으로 짧다. 이것은 생존이 허락된 시간을 헛되이 사용하면 안 되는 이유이다. 만일 우리가 아무것도 하는 일 없이 지낸다면 일생은 물론 하루일지라도 존귀하고 성스러운 시간일 수 없다.

아침에 우리가 해야 할 가장 훌륭한 기도는 그 하루의 일순간이라도 헛되이 보내지 않도록 축원하는 것이어야 한다. 또한 우리가 식사 전에 해야 할 가장 훌륭한 기도는 여기에 주어진 양식에 대하여 자신이 가장 성실하게 보답할 수 있다는 의식 속에 있지 않으면 안 된다.

—러스킨

2월 12일

그 무엇으로도 잃어버린 시간은 다시 찾지 못한다. 그 어떤 선행으로도 저지른 악은 덮지 못한다.

—러스킨

가장 좋은 말이란 가장 조심스럽게 억제된 말이다. 가장 좋은 대화는 가장 조심스럽게 고려된 대화이다. 그대가 무엇이든 말할 때에는 반드시 침묵하는 것 이상의 좋은 결과를 나타내지 않으면 안 된다.

—아라비아 속담

2월 13일

자유로운 사람이란 오직 다음과 같은 사람을 말한다. 무슨 일이건 그가 바라는 것을 얻을 수 있는 사람이다. 이 말은 그에게 편리한 것이라면 무엇이든 얻을 수 있다는 말일까? 결코 그렇지 않다. 교육은 우리가 바라는 모든 것을 글자나 말로써 표현하는 방법을 가르친다. 그러나 자기 이름을 쓰는 것만 해도 자신에게 편리한 글자만을 쓸 수는 없을 것이다. 필요하다는 글자를 필요하다고 하는 질서 속에서 쓰지 않으면 안 된다.

모든 것이 이와 같다. 우리가 우리에게 편리한 일만 한다면 결코 아무것도 배우지 못할 것이다. 즉 참으로 자유로운 인간이기 위해서는 무질서하게 머릿속에 떠오르는 것만을 바라는 것이 아니다. 자유로운 사람은 자신에게 생겨나는 모든 것을 바라되 자신이 동감할 수 있도록 배우지 않으면 안 된다. 왜냐하면 사람에게 생기는 모든 것은 오직 모든 세계를 인도하는 신의 의지에 의해서만 생기기 때문이다.

―에픽테토스

2월 14일

설명할 수 있는 이성은 영원한 이성이 아니다. 이름 지을 수 있는 것은 이미 영원한 것이 아니다. 하늘과 땅 위에 있는 온갖 것 그리고 시간을 초월해 이 지상에 있는 모든 것을 아울러 갖고 있는 것이 있으니 그것은 바로 평화이다. 물론 그것은 구체적인 어떤 물건이 아니다. 우리는 그것을 앎이라 하기도 한다. 만약 그것에 명백한 이름을 붙일 필요가 있다면 나는 그것을 무한하고 위대하고 그리고 불멸의 것이라고 부르겠다.

―노자

2월 15일

만일 그 누구의 과실을 발견했다면 친절하게 주의시켜 어떤 점이 잘못되었는가를 일러 주어야 한다. 그렇게 할 수 없거든 오직 자기 자신을 책망하라. 다른 어느 누구도 책망해서는 안 된다. 그리고 더욱 친절하게 일러 주도록 힘써라.

―마르쿠스 아우렐리우스

2월 16일

올바르도록 하라. 노여움을 참으라. 요구하는 자에게 주어라. 그는 조그만 것밖에는 그대에게 구걸하지 않는다. 이 세 가지 길을 걸음으로써 그대는 성스러운 것에 가까워지리라.

―석가모니

2월 17일

생명이 있는 모든 것은 고뇌에 떨고 죽음을 두려워하는 법이다.

그대 자신도 살아있는 것 중의 하나임을 알라. 그러므로 살생을 삼가라. 죽음의 원인을 만들지 마라. 살아있는 모든 것은 고뇌를 꺼린다. 스스로의 생명을 큰 가치 있는 것으로 생각하는 법이다. 그대 자신도 살아있는 모든 것의 하나임을 알라. 그러므로 살생을 삼가라. 죽음의 원인이 되는 일을 피하라.

—잠파다

2월 18일

이성적인 사람과 비이성적인 사람의 구별은 다음과 같은 점에 있다.

비이성적인 사람은 항상 자신 이외의 일에 마음이 들뜨며 슬퍼한다. 예컨대 자식, 양친, 형제, 사업, 재산 등에 노심초사한다. 그러나 이성적인 사람은 마음이 들뜨고 슬픈 일이 일어날지라도 자기의 사상 행위에 관한 일에만 한정시킨다.

만일 어떤 불쾌한 일에 부딪치거나 곤란한 상태에 빠지면 우리는 다른 사람들과 자신의 운명을 저주하는 경향이 있다. 그러나 우리에게 관계가 없는 듯한 그 어떤 외부적인 사정에 불쾌해하고 곤란해 하는 것은 우리 자신 속에 무엇인가 비뚤어진 것이 있음을 의미한다. 이 점을 잘 생각해야 한다.

—에픽테토스

2월 19일

한 개인의 삶은 모든 사람들의 삶과 긴밀히 연결되어 있어야 한다. 왜냐하면 만물은 조화와 일치에 의하여 일관되어야 하기 때문이다. 삶의 모든 현상은 외계에 있어서도 저마다 긴밀한 관계 속에 성립되어 있다.

이성의 힘을 가진 모든 인간은 모두 하나의 일을 하기 위하여 탄생했다. 인간은 현세의 생활에서 인간의 모습을 한 모든 동족의 공통된 임무를 수행하기 위하여 존재한다. 또한 모두 유일한 의지에 의하여 행동하게끔 창조되었다. 그리하여 인간이 그 위대한 정신적인 동포애의 일원임을 안다면 큰 위안을 얻을 수 있을 것이다.

―마르쿠스 아우렐리우스

2월 20일

비밀리에 죄악을 범하고 모른 척하는 사람은 온갖 것을 샅샅이 보고 있는 힘이 어느 곳에나 존재함을 알지 못한다.

―유대 경전

종교를 제이의적으로 생각하는 사람은 종교를 갖지 않은 것과 다름없다. 신은 수많은 모든 것과 함께 인간의 마음속에 자리 잡고 있다. 마음속에 제이의적인 자리를 잡은 신은 다른 모든 것과 함께할 수는 없다. 그렇기 때문에 신께 제이의적인 자리를 주는 자는 자리를 주지 않는 것과 다름없다.

—러스킨

2월 21일

세상의 모든 것에는 처음과 끝이 있다. 인간에 관해서도 마찬가지이다. 머리도 꼬리도 없는 인생이란 있을 수 없다. 그 처음과 끝을 정확하게 이해하는 사람은 곧 진리를 깨달은 사람이다.

—공자

그대에게 모든 일을 끝까지 완수할 의무는 없을지 모른다. 그러나 그대가 그 일의 결과에 대하여 전혀 관계가 없을 수는 없다. 그대에게 맡겨진 일은 전부 그대에게 필요하다.

—유대 경전

2월 22일

모든 사람은 다소의 차이는 있지만 다음과 같은 양극단으로 항상 가까워진다. 어떤 사람들은 자기 자신의 이욕만을 위한 생활로, 또 다른 사람들은 신만을 위한 생활, 즉 이웃을 위한 생활로 가까워진다.

—톨스토이

2월 23일

참다운 여성이 가는 길은 진실로 향기로운 꽃으로 둘러싸인다. 그러나 그것은 그가 지나간 후에 비로소 알 수 있다. 결코 지나가기 전에는 알 수 없다.

―러스킨

2월 24일

대수롭지 않은 고통은 망연자실하게 한다. 그러나 대단한 고통은 도리어 제정신을 차리게 한다. 금이 간 종은 흐리멍덩한 소리를 내지만 그것을 두 조각으로 깨트리면 도리어 다시 맑은 소리를 낸다.

―장 폴 리프타

괴로움이야말로 인생이다. 인생에 괴로움이 없다면 또한 만족이 있을 수 있으랴.

―도스토예프스키

2월 25일

마침내 모든 민중이 진리를 터득할 때는 올 것이다. 인류의 슬기로운 지도자였던 사람에게는 이미 오래 전에 알려진 것이었으나 이제 모든 민중이 이해할 때가 올 것이다.

인류에 있어서 도덕은 스스로의 불완전을 깨닫는 것이며 최고의 계율을 따르는 것이다.—"그대는 먼지이다. 먼지로 돌아가는 존재이다."—이것이 스스로에 관해 우리가 아는 진리이다. 그다음 다른 진리는 토지를 경작하는 것이다. 이 노역 속에, 그리고 그것이 우리들과 다른 동물 사이를 맺어 주는 관계 속에 우리들의 최고 능력과 최대 행복의 발달에 대한 기본 조건이 포함되어 있다.
　경작에서 노역을 빼면 인간에 대한 어떠한 평화도 생각할 수 없다. 또한 인간의 정신과 예술의 발달을 생각할 수 없다.

―러스킨

2월 26일

　위대한 사랑은 깊은 지혜와 분리될 수 없다. 지혜의 넓이는 사랑의 깊이와 같다. 인도(人道)의 가장 좋은 정점에 다다르려면 위대한 사랑을 가져야 한다. 위대한 사랑은 위대한 지혜와 같은 것이다.

―곤차로프

2월 27일

　지혜로운 자도 인생의 법칙을 이해하기 어렵다. 그러나 그가 그 법칙을 지킴에 따라 그 법칙은 확실하게 이해될 것이다. 인생의 법칙은 범인도 이해한다. 그러나 그가 그 법칙을 지키지 않음에 따라서 그 법칙을 점점 더 이해할 수 없을 것이다.

—공자

2월 28일

누구나 연습을 거듭함으로써 온갖 습관을 더욱 강력한 것으로 만들 수 있음을 알고 있다. 예컨대 발을 강하게 하려면 자주 걸어 다녀야 한다. 빨리 달리려면 많은 길을 달릴 필요가 있다. 빨리 읽으려면 많은 책을 읽어야 함과 같다. 그와 반대로 굳은 습관이 되어 있던 것도 그만두기만 하면 그 습관 자체가 차츰 약해진다. 예컨대 우리가 열흘 동안 드러누워 일어나지 않다가 그 뒤에 걸으려고 하면 다리가 몹시 약해졌음을 알리라.

그러므로 이렇게 말할 수 있으리라. 우리가 어떤 습관을 얻으려고 한다면 그 일을 거듭해서 여러 번 행함이 필요하다.

—에픽테토스

2월 29일

인간은 이 세상에 태어날 때 주먹을 쥐고 있다. 그것은 마치 '이 세상은 내 것이다.'라고 하는 것과도 같다. 그리고 이 세상에서 떠날 때 그 주먹을 편다. 그것은 마치 '나는 아무것도 가지지 않고 가네.' 하는 것과도 같다.

과수원 주인이 과일이 익을 때를 알고 있는 것과 같이 신은 정직한 사람을 이 세상에서 데려갈 때를 알고 있다.

―유대 경전

chapter 3
3월의 이야기

어떠한 슬픔도 그 슬픔에 대한 공포만큼 큰 슬픔은 없다.

―초케

Story this month

~ • 3월의 이야기 • ~

감옥에서의 죽음

 나는 지금도 폐렴으로 죽어가는 한 사나이를 똑똑히 기억한다.
 그는 내 맞은편에 누워있던 미하일로프이다. 하지만 내가 그에 대해 알고 있는 건 거의 없다. 그는 스물다섯이 채 안 된 청년이었다. 키가 크고 좀 말랐으나 단정하고 아름다운 용모였다. 그는 독방 신세였는데, 이상하리만큼 말이 없었다. 언제나 조용하고 우울한 표정을 짓고 있었다. 후에 우리는 여러 가지를 이야기했지만 그는 누구에게나 좋은 인상을 남겼다. 그는 서리가 내린 어느 맑게 갠 날 오후에 죽었다.
 오후 3시쯤이었다. 나는 강한 햇살이 아직도 약간 얼어붙은 유리창을 통해 우리 방 안으로 내리쬐는 것을 보고 있었다. 눈부신 햇살은 그 불행한 사람 위에도 환하게 내리쬐고 있었다. 그는 이미 사람도 알아보지 못했다. 오랫동안 몇 시간 동안이나 신음하며 괴로워하고 있었다. 아침부터 그는 그의 옆을 누가 지나가도 모르는 인사불성 상태에 빠져 있었다. 사람들은 괴로워하는 그를 좀 더 편하게 해 주려고 애썼다. 그는 호흡하기조차 힘에 겨운 듯 가쁘게 색색거렸다. 가슴은 공기를 탐하듯 괴롭게 부풀어 올랐다. 그는 기를 쓰며 옷을 벗기 시작했다. 마침내는 모조리 벗어 버렸다. 셔츠를 벗다가 찢어졌는데 옆에 내팽개쳤다.

그의 마르고 긴 몸뚱이, 뼈와 가죽만 남은 수족, 푹 꺼져 들어간 배, 하나하나 그려놓은 듯이 불거져 나온 갈비뼈, 그것은 해골 그 자체였다. 보기에도 섬뜩했다. 그때 그의 몸에 붙어있던 것은 부적 쌈지와 나무 십자가, 그리고 쇠사슬뿐이었다. 지금 생각해 보면 깡마른 그의 다리가 그 쌈지 속으로 충분히 들어갔을 것만 같다.

그가 숨을 거두기 30분 전부터 우리는 조용히 있었다. 속삭이는 소리조차도 들리지 않았다. 누구든지 발소리를 죽이며 걸어 다녔다. 모두들 다른 것에는 신경 쓰지 않았고 임종 직전의 환자에게 눈길을 던지고는 했다.

갑자기 그는 떨리는 손으로 가슴 위에 놓인 부적 쌈지를 잡아떼려고 했다. 그 쌈지가 무겁게 짓눌러 괴로운 듯했다. 우리는 그 쌈지를 떼어내주었다.

그 후 10분쯤 지나서 그는 마침내 숨을 거두었다. 간수가 들을 수 있도록 커다랗게 소리쳐 우리는 그의 죽음을 알렸다. 곧 간수가 들어왔다. 간수는 무감각한 표정으로 죽은 사람을 내려다본 후 의사를 부르러 나갔다. 의사는 젊고 선량해 보이는 자그마한 사나이였는데, 간수의 뒤를 따라 곧 와주었다. 잰걸음으로 조용한 방을 가로질러 죽은 사람 옆으로 다가왔다. 들어왔던 때의 표정 그대로 죽은 사람의 맥을 짚어 보더니, 손사래를 치며 나가버렸다.

한 죄수가 머리를 갸웃거리더니 죽은 사람 옆으로 가서 가만히 눈을 감겨주었다. 그리고 베개 위의 십자가를 주워 미하일로프의 목에다 걸어주었다. 그리고 나서 경건한 태도로 성호를 그었다.
 그러는 동안 죽은 사람의 얼굴은 굳어졌다. 햇살은 그 창백한 얼굴 위에 아른거렸다. 반쯤 열린 입술 사이로 하얀 이빨이 나와 있었다.
 간수장이 들어왔다. 그는 짧은 칼을 차고 헬멧을 쓰고 있었다. 간수장 뒤에는 두 사람의 간수가 따르고 있었다. 간수장은 죽은 사람 옆으로 다가와 한 걸음 정도의 거리를 두고 멈춰 섰다. 그 이상 다가설 용기가 없는 듯했다. 바싹 여윈 벌거숭이 시체는 그를 몹시 당황하게 만든 듯했다. 그는 성호를 그었다.
 나는 그때 잿빛 얼굴을 한 노인, 체쿠노프가 일어선 것을 기억하고 있다. 그는 오랫동안 아무 말 없이 간수장의 얼굴을 건너다보고 있었다. 두 사람의 시선은 매우 오랫동안 마주 얽혀 있었다. 마침내 체쿠노프의 아랫입술이 경련을 일으키더니 이빨이 드러났다. 일그러진 표정으로 간수장에게 죽은 사람을 손짓으로 가리키며 말했다. 그러고는 홱 돌아섰다.
 "이 사람에게도 역시 어머니가 있었어!"
 시체는 침대와 함께 곧 치워지기 시작했다. 침대 속의 짚이 바스락거리고 쇠사슬이 짤그락거린다. 그리고 고요한 침묵 속으로 시끄러운 소리를 내면서 마룻바닥 위로 시체는 끌려갔다.
 이제 모두 치워졌다. 갑자기 사람들이 부산하게 떠들기 시작했다. 간수장이 대장장이를 불러오도록 명령하는 소리가 들려왔다. 죽은 사람의 쇠사슬을 풀어주려는 것이다.

―도스토예프스키

Daily stories

3월 1일

만족을 얻으면 기뻐하고 그것을 잃으면 슬퍼한다. 인간의 대부분은 이 세상의 만족을 그와 같이 생각한다. 그러나 기쁨을 알면 그와 동시에 그 기쁨이 사라지더라도 한탄하지 않는 사람이 옳은 사람이다.

—파스칼

시도하라. 아마 당신도 사랑과 선행으로써 마음의 평화를 얻고 스스로의 운명에 만족하는 자의 삶을 영위할 수 있으리라.

—마르쿠스 아우렐리우스

3월 2일

머리만으로 하는 일에는 만족이 없다.

학문이 깊은 사람과 신앙심이 깊은 사람이 과수원으로 찾아왔다. 학문이 깊은 사람은 곧바로 과목의 수효를 세고 그 과수원의 가격을 정했다.

그러나 신앙이 깊은 사람은 과수원 주인과 친해진 다음 한 그루의 나무 곁으로 가서 그 과일을 얻음으로써 만족했다.

자연의 열매를 이용하는 것은 좋은 일이다. 그러나 나뭇잎을 세거나 그 밖에 부질없는 계산으로는 굶주림을 면할 수 없다. 그러므로 잔재주를 부리는 생활이 아니라 신의 법칙에 따르는 생활에서만 최대의 기쁨을 얻을 수 있다.

—라마크리시나

3월 3일

진실로 지혜로운 사람은 선악의 구별을 아는 사람이 아니다. 악 속에서 더 작은 악을 분간해 낼 줄 아는 사람을 말한다.

—유대 경전

그 사람의 운명이 어떠한 것이냐 하는 것보다 그가 어떻게 운명을 받아들이느냐 하는 편이 중요하다. 이것은 명백한 사실이다.

—훔볼트

3월 4일

우주적인 자아의 인식에 도달하고 싶다면 무엇보다 먼저 자기 자신을 알아야 한다. 자기 자신을 알기 위해서는 자기 자신을 우주적인 자아에 바쳐야 한다. 정신적인 삶을 영위하고 싶다면 먼저 현세적인 생활을 희생시켜라. 먼저 외적 생각·세계를 멀리하라. 정신에 검은 그림자를 던지는 모든 물상으로부터 자기 자신을 멀리하여라.

그대의 그림자는 잠깐 살고 있다가 곧 사라져 버린다. 그러나 그대에게는 영원히 존재하는 그 무엇이 있다. 그것은 신을 아는 힘이다. 그 힘은 인생처럼 변화하는 것이 아니다. 이 영원한 것은 본체이다. 과거에도 존재했으며 현재에도 존재하고 미래에도 존재할 것이다. 이것은 시간과는 아무런 관계가 없다.

—라마크리시나

3월 5일

신은 나를 현재의 나와 같은 것으로 만들어 놓은 다음, 나에게 다음과 같이 말했을 것이다.

"에픽테토스, 나는 너에게 그 보잘것없는 육체나 쥐꼬리만 한 운명보다는 훨씬 좋은 것을 줄 수 있다. 그러나 그렇게 하지 않았다고 해서 나를 책망하지는 마라. 나는 너에게 하고 싶은 것은 무엇이든 다 할 수 있는 완전한 자유를 주고 싶지 않았다. 그러나 너에게 나의 일부분을 주었다. 나는 너에게 선을 향해서 나아가며 악을 피할 수 있는 능력을 주었다. 나는 너에게 자유로운 이성을 주었던 것이다. 만약 네가 경험하는 모든 것에 그 이성을 맞추어 나아간다면, 이 세상에서 내가 네게 운명 지워준 대로 행하여 가는데 무엇 하나 장애될 것은 없으리라. 너는 모든 사람들, 모든 운명에 관해서 무엇 하나 울며 슬퍼할 것을 갖게 되지는 않을 것이다. 일평생 이성을 갖고 평화롭고 안락하게 보내는 것이 불만족인가?"

—에픽테토스

3월 6일

시장에서 곡식을 사는 사람은 부모 없는 어린아이에 비교할 수 있다. 아무리 많은 사람들이 그에게 젖을 주더라도 그는 굶주릴 수밖에 없다. 자기 자신이 경작한 곡식을 먹고 사는 사람은 친어머니의 젖으로 자라는 젖먹이와 같다.

—유대 경전

3월 7일

한없는 순진함과 온갖 완성에 대한 가능성을 가지고 탄생하는 어린이가 없다면 이 세상은 얼마나 가공스러운 것이 될 것인가?

—러스킨

3월 8일

그대는 순간순간 스스로 겉치레의 탈을 벗어 버릴 때가 되었음을 확실하게 믿고 그것을 이해했을 때 정의에 따라 바르게 행동하고 스스로의 운명에 순순히 따르게 된다. 그대는 그때 비로소 다른 사람의 언행을 객관적으로 공정하게 관찰할 수 있게 된다. 그런 것에 대해서는 이미 무관심하게 된다. 남들이 사소한 일에 신경을 쏟을 때 그대는 오늘 할 일을 틀림없이 다할 수 있다. 그렇게 함으로써 사람은 외계로부터 내면의 세계로 옮겨 갈 수 있다. 왜냐하면 오로지 하나로 집중되기 때문이다.

—마르쿠스 아우렐리우스

3월 9일

자기의 일생은 매일 다른 사람을 위하여 할 수 있는 데까지 힘을 다하며 그 사람의 행복을 위하여 바치지 않으면 안 된다는 점을 명심하라. 그리고 그것을 불편함 없이 다만 행하도록 하라.

—러스킨

3월 10일

그대의 행위의 평가는 다른 사람이 한다. 그대는 다만 마음을 깨끗이 하고 올바르게 가지도록 하라.

—러스킨

나는 다음과 같은 것을 확신한다. 이 세상에서 가장 평범한 능력밖에 소유하지 못한 사람도 그 매일매일의 행동에 따라서 그가 수행하도록 운명 지어진 최대 분량의 선을 행할 수 있다.

—러스킨

3월 11일

신은 우리에게 신에게 봉사하게끔 영혼과 사랑과 이성을 내려 주셨다. 그러나 우리는 우리 자신에게 봉사하기 위하여 그것들을 사용하고 있다. 다시 말하면 우리는 도끼 자루를 베기 위하여 도끼를 사용하고 있는 것이나 다름이 없다.

—톨스토이

3월 12일

진리는 우리에게 신념을 베풀어줄 뿐만 아니라 진리를 찾는다는 사실 자체까지에도 평화를 베풀어준다.

—파스칼

3월 13일

쇠사슬에 결박되어 있는 사람들을 생각해 보라. 그들은 너나 할 것 없이 모두 죽음으로 다가가고 있다. 그리고 매일 그들 중 일부는 다른 사람들의 눈앞에서 죽어가고 있다. 이렇게 죽어가는 사람들을 눈앞에서 보며 스스로의 차례를 기다리고 있으면서도 뒤에 남는 자들은 자기 자신의 운명을 믿지 않는다. 대부분의 사람들 생활이란 대개 이와 같다.

세상 사람들은 자기에게 아첨하고 속이는 사람에게는 보수를 주고 정말 자기를 위하여 일하는 사람에게는 아무것도 주지 않는다. 수다스러운 자에게는 많은 것을 주면서도 진실한 사상가, 연구가에게는 한 푼도 주지 않는다. 이것이 일반적인 현상이다.

―러스킨

3월 14일

어떤 친구들은 그대를 비난하고 어떤 자들은 그대를 칭찬할 것이다. 그대를 비난하는 사람을 가까이 할 것이며 칭찬하는 자는 멀리하도록 하라.

―유대 경전

3월 15일

어떠한 슬픔도 그 슬픔에 대한 공포만큼 큰 슬픔은 없다.

―초케

빠져나갈 길이 하나도 없는 그러한 불행은 없다. 사람은 희망보

다도 절망에 속기 쉽다.

3월 16일

언제나 자기 신앙을 자랑 삼아 이야기하는 사람보다 묵묵히 자기 손으로 일하며 사는 사람이 한층 존경할 만하다.

개미를 본받으라는 충고를 들은 사람은 스스로 부끄러워해야 한다. 그러나 그러한 충고를 듣고도 따르지 않는 사람은 그보다 몇 배 더 부끄러워해야 한다.

모든 근로는 큰 가치를 가지고 있다. 근로는 인간을 향상시켜 주는 것이므로 자기 자식에게 아무 일도 가르치지 않는 것은 파멸로 밀어 넣는 것이나 다름없다.

—유대 경전

3월 17일

만약 그대가 참으로 존재하는 것만 이야기하고 허위를 버리며 의심스러운 것만을 의심하고 좋고 유익한 것만을 바랄 수 있도록 행동한다면 그대는 나쁜 사람이나 어리석은 사람에게 화를 내지 않을 것이다. 즉, 옳고 그름과 선악을 분별할 줄 아는 사람은 그것을 분별하지 못하는 악한 사람들에게 화를 낼 수 없다.

―에픽테토스

3월 18일

두 가지 진리가 영원히 새롭게 끊임없이 커 가는 경이와 존경의 관념이 내 마음을 충만하게 한다. 나의 사색은 항상 끊임없이 그 두 가지 진리를 따르고 있다. 그 두 가지 진리란 내 자신 속에 도덕의 규범이 존재하고 있다는 것과 내 마음속에 신이 존재한다는 것이다.

―칸트

3월 19일

잡초는 곡식의 생명을 빼앗는다. 분노는 사람들의 힘을 소모하게 한다. 오로지 겸허한 친절만이 커다란 보답을 안겨 준다. 허영은 사람들의 마음을 좀먹는다. 오직 겸허한 마음만이 커다란 보답을 준다. 잡초는 논밭을 해친다. 정욕은 사람을 멸망시킨다. 오직 조심스럽고 깨끗한 순결만이 행복한 결과를 안겨 준다.

—잠파다

3월 20일

폭력을 행사하는 사람은 부정한 사람이다. 참과 거짓을 알고 있는 사람, 다른 사람을 설교하되 폭력에 의해서가 아니라 율법과 정의로써 인도하는 사람, 사람들의 진실과 이지를 신뢰하는 사람만이 참으로 바른 사람이라고 불릴 수 있다.

친절한 말, 아름다운 말을 하는 사람이 반드시 성자는 아니다. 인내할 줄 알고 분노와 공포에서 완전히 벗어난 사람이야말로 성자라고 할 수 있다.

—잠파다

3월 21일

그대가 유익한 책을 열심히 읽는데 방해하는 사람을 비웃었다고 하자. 또는 그대가 악착같이 일하며 대수롭지 않은 위로를 즐기는 사람을 조롱하고, 나 자신은 유익한 책을 읽고 있으므로 조금도 노력할 필요가 없다고 생각했다고 하자.

그런데 그것은 오히려 자기 자신을 비웃는 것이다. 왜냐하면 그대가 하고 있는 것처럼 자기 한 사람을 위하여 책을 읽는다는 것은 그대를 비웃는 사람들이 하고 있는 것이나 마찬가지로 하찮은 일이기 때문이다. 고통과 불만족은 역시 그대 옆에도 있다.

—에픽테토스

3월 22일

모든 사람들은 날품팔이 일꾼이다. 맡은 그날 하루의 일을 마치고 하루의 품삯을 얻어라. 신의 비밀을 엿보려고 해도 소용없다. 인간이 할 일은 오직 신의 율법을 지키는 것이다. 그대는 의무를 실천하라. 그리고 신이 베푸는 보수를 받으라.

—유대 경전

3월 23일

성자는 세 가지 다른 모습으로 나타난다. 멀리서 볼 때에 성자는 엄숙하고 존엄하게 보인다. 가까이 가서 보면 어질고 겸손하게 보인다. 그 목소리를 들으면 엄하고 더욱 혹독하게 느껴진다.

—중국 성언

3월 24일

자기가 범한 죄를 즉시 용서받을 수 있다고 대수롭지 않게 생각하는 사람은 머지않아 또다시 죄를 범할 것이다.

—유대 경전

3월 25일

눈이 물체를 볼 수 있다는 것을 알지 못하여 영원토록 눈을 뜨지 않는 사람이 있다면 정말 비참할 것이다. 그러나 그보다 더 비참한 것은 모든 불쾌한 일을 조용히 참고 견디기 위해 우리에게 이성이 주어져 있음을 알지 못하는 사람이다.

우리는 이성의 힘을 빌려 모든 불쾌한 일을 처리할 수 있는 것이다. 이성에 눈뜬 사람이라도 참을 수 없는 불쾌한 일에 한평생 부딪치지 않을 수는 없는 것이다. 그럴 때 흔히 우리는 불쾌한 일을 정시(正視)하려 하지 않고 좁은 마음으로 이를 회피하려 한다.

—에픽테토스

3월 26일

성 디오게네스가 말했다.

"언제나 죽음에 대한 준비를 충분히 하고 있는 사람만이 참으로 자유로운 인간이다."

그는 또 페르시아 왕에게 다음과 같이 말했다.

"당신은 자유로운 사람들을 노예로 만들 수 없다. 그것은 물고기를 노예로 만들 수 없는 것과 마찬가지로 불가능한 일이다. 비록 그들을 생포한다고 해도 스스로 죽는다면 생포한 것이 무슨 소용이 있겠는가."

이야말로 참다운 자유인의 말씀이다. 이러한 사람이야말로 참다운 자유가 무엇인지를 알고 있다.

―에픽테토스

3월 27일

우리가 하느님을 사랑하고 그 계명을 실천하면, 그로써 우리가 하느님의 자녀를 사랑한다는 것을 알게 됩니다. 하느님을 사랑하는 것은 그분의 계명을 지키는 것이다. 그리고 그분의 그 계명은 힘겹지 않습니다.

―〈요한의 첫째 서간〉 5장 2~3절

3월 28일

영원한 것, 즉 그대의 신을 사랑하라. 그때 그대를 본받아 다른 사람들도 신을 사랑할 것이다.

신의 가르침을 사랑으로 행하지 않으면 안 된다. 신을 사랑하는 마음으로 그 가르침을 따르는 것과 신이 두려운 나머지 그 가르침에 응하는 것은 전혀 다르다.

―유대 경전

3월 29일

브라만이 학자이자 현자로 이름 높은 왕에게 말했다.

"나는 많은 성서를 읽었다. 그러므로 왕에게 진리를 가르쳐 주고

자 한다."

왕이 대답했다.

"그러나 나는 그대가 아직 성서의 사상을 충분히 이해하지 못했다고 생각한다. 좀 더 참다우며 깊은 이해를 갖도록 노력하라. 그러면 나는 그대를 스승이라고 부르리라."

브라만은 돌아갔다.

"나는 오랫동안 성서를 배우지 않았던가?"

브라만은 자문했다.

"그런데 왕은 내가 아직 충분히 이해하지 못했다고 말했다. 무슨 소리를 하는 것인가?"

그때부터 그는 한층 더 열심히 성서를 읽기 시작했다. 그리하여 다시 한 번 왕에게 갔다.

그러나 왕의 대답은 역시 전과 똑같았다. 브라만은 전보다 더 생각하지 않으면 안 되었다. 그는 집에 돌아오자 교당에 들어앉아 성서를 읽기 시작했다. 그리하여 그가 참다운 의미를 깨달았을 때 비로소 황금이나 명예나 궁전 생활이나 기타 현세적인 욕망은 무엇이나 조금도 가치가 없다는 것을 확실히 이해할 수 있었다. 그때부터 그는 오직 자기 자신의 완성에 대해서만 정신을 기울이고 신으로부터 받은 의무에만 전심전력했다. 그리고 다시는 왕에게 가지 않았다.

그 후 몇 해가 지난 뒤 왕이 브라만을 찾아와서 높은 지혜와 사랑으로 충만한 그를 보고 그 앞에 꿇어앉아 말했다.

"이제야 그대는 성서의 참다운 의미를 이해한 것이오. 그리고 이제 그대가 승낙한다면 나를 그대의 제자로 삼아주시오."

3월 30일

태양은 끊임없이 그 빛을 온 세상 구석구석에 내리쬔다. 이 세상의 빛과 같이 그대의 이성의 빛도 모든 방법으로 비추지 않으면 안 된다. 그리고 방해물을 만나더라도 겁내지 말고 조용하게 비추어라. 그러면 그 빛을 받은 모든 것은 그 빛에 싸이고 그 빛을 거절하는 자만이 혼자 어둠 속에 남는다.

—마르쿠스 아우렐리우스

3월 31일

신의 뜻을 받아서 올바른 행동을 하는 사람은 여러 가지 고통이 자신에게 닥치는 것을 기쁘게 생각하지 않으면 안 된다. 왜냐하면 고통을 시험한다는 것은 그 사람에게 큰 이익을 가져오며 괴로움 다음에는 반드시 신에게 감사드릴 것이기 때문이다. 그런 점에서 고통은 모든 행복과 마찬가지이다.

다른 동물에게는 가치 없는 일도 인간에게는 높이 평가될 수 있다. 몸에 상처가 있는 동물을 제단에 바치는 것은 옳지 못하지만 인간의 상한 심장, 부서진 정신은 신에게는 무엇보다도 기쁜 제물이 될 것이다.

—유대 경전

chapter 4
4월의 이야기

친절은 위대한 선물이다. 그리고 위대한 사람 모두가 할 수 있는 일이다.

―러스킨

Story this month

~ • **4월의 이야기** • ~

여성

　남녀를 불문하고 모든 인간의 사명은 타인을 위한 봉사에 있다. 인류도 공통된 사명에 대해서는 약간의 덕성이라도 가진 사람이라면 같은 생각일 것이라고 여긴다.

　이 사명의 수행에 있어서 남성과 여성의 차이는 그 방법에 있다. 남성은 육체적인 노동으로써 봉사한다. 즉, 그것에 의해 생계의 수단을 얻는다. 다음, 두뇌의 활동에 의해 봉사한다. 즉, 그것에 의해 자연의 법칙을 규명해내고 자연과 싸워 나아가는 것이다. 또한 남성은 사회적인 사업으로써 봉사한다. 즉, 그것에 의해 인간 상호 간의 관계를 수립하고 생활의 형식을 만든다. 남성들의 봉사 형식은 다양하다. 모든 인류의 할 일에서 분만을 제외한 모두가 남성의 봉사 영역을 형성하고 있다. 여성도 남성과 같은 방법으로 어느 정도까지는 그 사명을 이행할 수가 있으나 사실상 여성은 남성의 봉사 영역에 속할 수 없는 한 가지의 일에 종사해야 한다.

　남성은 신의 의사를 수행해 내기 위해서 육체적인 노동·사상·도덕의 영역에서 신에게 봉사해야 한다. 이렇게 함으로써 남성은 지닌바 사명을 다할 수 있는 것이다.

여성이 신에 봉사하는 방법은 주로, 그리고 특별히(왜냐하면, 여성을 제외하고는 이 일을 해낼 사람이 없기 때문이다) 어린아이들의 양육에 있다. 이렇게 하여 여성은 그녀의 자녀들을 통해서만 신과 남성에게 봉사할 수 있다. 그러한 이유로 해서 자식에 대한 여성의 사랑은 특별한 것이며 유일한 것이다. 어린아이에 대한 여성의 사랑은 결코 이기주의의 발로가 아니다. 그것은 노동자가 자신이 하는 일에 갖는 애착과도 같다. 자기가 사랑하는 대상에 대한 일을 빼앗길 때, 그 일은 결코 훌륭히 이루어지지 못할 것이다. 이 같은 말을 모성에 대해서도 할 수가 있다. 남성은 많은 일로써 인류에 봉사하도록 운명 지어져 있다. 그리고 남성은 그 일을 하는 동안은 그 일을 사랑한다.

여성은 그녀의 자녀를 통해서 인류에 봉사하도록 운명 지어져 있다. 그래서 여성은 자녀를 낳고 키우는 동안 사랑하지 않을 수 없는 것이다.

그 봉사의 형식은 다르다 할지라도 신과 인류에게 봉사한다는 일반적 사명에 있어서는 남성이나 여성이나 마찬가지이다. 그것이 같다는 것은, 이 두 봉사는 서로가 다 중요한 것이며, 어느 한 편을 무시하고 다른 한 편만을 생각할 수는 없으며, 서로 의지하고 돕는 것이기 때문이다. 그리고 어느 편이나 참다운 봉사를 하기 위해서는 남성의 봉사 없이는 여성의 일이, 여성의 봉사 없이는 남성의 일이 인류에게 무익하며 유해하다는 것을 각자 기억해 두어야 한다.

―톨스토이

Daily stories

4월 1일

명심하라. 그대의 이성은 그 자체의 생활을 가지고 있다. 그대가 그것을 육욕의 봉사에만 쓰지 않는다면, 그대를 진정으로 자유로운 인간으로 만들어 주는 이성의 빛을 얻을 것이다. 그 빛을 흐리게 하는 정욕에서 벗어난 인간의 영혼은 강하다. 그리고 인간에게 그 이상 신뢰할 수 있는 피난처는 없다. 이런 사실을 모르는 자는 장님이며, 알면서도 이성을 구하려 하지 않는 자는 불행하다.

—마르쿠스 아우렐리우스

4월 2일

햇불이 태양 앞에서는 그 빛을 잃어버림과 같이 인간의 두뇌—아무리 천재적인 것일지라도—혹은 어떠한 아름다움이라도 마음속으로부터 진심으로 우러나오는 선 앞에서는 그 빛을 잃고 만다.

—쇼펜하우어

친절은 위대한 선물이다. 그리고 위대한 사람 모두가 할 수 있는 일이다.

—러스킨

4월 3일

재미있는 음악, 맛있는 음식은 손님을 자리에 오랫동안 앉아 있게 한다. 그러나 이성에는 맛도 없고 좋은 냄새도 없다. 눈에 보이지도 귀에 들리지도 않는다. 그러나 그것이 사람에게 주는 이익은 끝이 없다.

이 세상에서 가장 믿을 수 있는 것은 눈에 보이지 않는 것, 귀에 들리지 않는 것, 손으로 만질 수 없는 것이다.

—노자

4월 4일

그 심판은 이러하다. 빛이 이 세상에 왔으나, 사람들은 빛보다 암흑을 더 사랑했다. 그들이 한 행위가 악했기 때문이다. 악을 저지르는 모든 자는 빛을 미워하며 빛 앞에 나서지 않는다. 자기가 한 행위를 드러내지 않기 위함이다. 그러나 참다운 진리를 행하는 자는 빛 앞에 나선다. 자신이 한 행위가 신의 뜻 안에서 이루어졌음을 드러내려는 것이다.

―〈요한 복음서〉 3장 19~21절

진실에 의해 자신의 정체가 드러나지 않도록 하기 위하여 진실을 두려워하는 사람만큼 불행한 사람은 없다.

―파스칼

4월 5일

선한 사상은 무리한 노력 속에서가 아니라 알지 못하는 사이에 온다. 위대한 인간의 지적 창조는 결코 괴로움 속에서 나오는 것이 아니다. 위대한 창조는 말할 것도 없이 위대한 사람들에게 한해서만 가능하며, 그 사람들은 절대로 그것을 무리한 긴장에 의하여 만드는 것이 아니다.

―러스킨

4월 6일

정욕보다도 무거운 죄악은 없다. 만족하지 못한다는 것 이상의 불행은 없다. 욕심과 같이 큰 죄악은 없다. 그러므로 모든 정욕에서 벗어난 사람은 항상 만족할 수 있다.

―노자

4월 7일

그대는 그대가 친절하기 때문에 도리어 남들의 멸시를 받을 것을 두려워하지 마라. 그들이 올바른 사람들이라면 그대를 경멸하지 않을 것이다. 그렇다면 나머지 사람들은 문제시할 필요가 없지 않는가. 남의 말에 신경 쓰지 마라.

자신 있는 목수는 목수 일을 조금도 할 줄 모르는 사람이 그의 재주를 칭찬해 주지 않는다고 해서 슬퍼하지 않는다.

악한 사람이 그대를 중상할 수 있다고 생각지 마라. 그대의 마음까지 상처 입힐 수 있는 자가 과연 누구겠는가. 나는 나를 중상하고 내 마음에 못을 박으려는 자에게 초연한 태도로 임한다. 그들은 내가 어떤 사람인지 또 내가 무엇을 선으로 생각하며 무엇을 악으로 생각하는지 분간하지 못한다.

그들은 참으로 내가 나의 것으로 생각하고 있는 것, 내가 그것에 의하여 살고 있는 유일한 것에 대해서는 생각조차 못할 것이다. 그들은 자신들이 그것에 생각조차 미칠 수 없음을 전혀 모르고 지낸다.

—에픽테토스

4월 8일

인간의 나쁜 성질 중 하나는 자기 자신을 사랑하고 높이며, 스스로의 행복을 추구한다는 것이다. 하지만 자기 자신만을 사랑하는 사람에게는 불행이 찾아오기 마련이다.

인간은 스스로 위대해지기를 바란다. 하지만 곧 자신이 얼마나 미약한 존재인지를 알게 된다. 또 인간은 행복해지기를 바란다. 그러나 곧 자신이 불행하다는 것을 깨닫는다. 인간은 완성된 인간이기를 바란다. 하지만 전혀 불완전한 인간임을 깨달을 뿐이다. 다른 사람들로부터 사랑과 존경을 받기를 바란다. 그러나 자기의 결점이 사람들로 하여금 자기로부터 멀어지게 하며, 오히려 경멸을 불러일으킴을 느낄 뿐이다.

이렇게 원하는 것 모두가 이루어지지 않을 때, 가장 두려운 죄를 범하게 되는 것이다. 그는 자기의 뜻과 반대되는 진실을 증오하게 되는 것이다. 마침내 그는 진실을 깨뜨려 버리려 하며 그것이 이루어지지 않으면 그 스스로에게나 타인 앞에서 진리를 왜곡하려고 한다. 그렇게 함으로써 그는 자기의 결점을 자기 자신과 타인에게서 감추려 한다.

—파스칼

4월 9일

절대적인 자기 부정의 생활을 한 결과에 대한 기초 평가나 그 이상으로 판단할 권리가 인간에게는 없다. 그 자신이 그러한 생활을 단 한 시간이라도 해 보겠다는 용기를 갖지 못한 사람에게는 더욱 그러하다.

그러나 나는 생각한다. 일시적으로 낭비적인 생활을 하지 못하게 되거나 우연하게 낭비적인 생활에 빠질 위험으로부터 벗어났다는 것만으로도 인간의 심신에 대하여 얼마나 좋은 영향을 미칠 수 있는가? 현명하고 정직한 사람은 이것을 부정하지 않을 것이다.

—러스킨

4월 10일

인생의 의의를 모르는 사람은 불쌍한 사람이다. 그것을 결코 알 수 없다는 신념이 뜻밖에도 세상 사람들 사이에 널리 퍼져 있다. 그러므로 사람들은 자기들이 인생의 의의를 알려고 애쓰지 않음을 가장 영리한 일이라고 생각하며 자랑 삼아 말하고 있다.

—파스칼

4월 11일

개인으로서의 삶 또는 인류 전체로서의 삶 역시 육체와 영혼의 투쟁이다. 이 투쟁에서 언제나 승리자가 되는 것은 영혼이지만, 그

것만으로써 투쟁이 끝나는 것은 아니다. 이 투쟁은 무한히 계속된다. 이 투쟁이야말로 인생의 본질이다.

—톨스토이

4월 12일

항상 다음과 같은 점을 기억하라. 그 어떤 힘에 의해서도 경쟁은 아름답게 보일 수 없으며, 그 어떤 힘에 의해서도 거만은 고귀하게 보일 수 없다.

—러스킨

4월 13일

모든 방종은 자살의 시작이다. 그것은 집 밑을 흐르는, 눈에 보이지 않는 흐름이다. 그것은 조만간 그 주춧돌을 쓰러뜨릴 것이다.

—레이크

4월 14일

그대가 신의 의지를 자신의 생각으로 알고 완수해나갈 때, 신은 그대의 의지를 역시 신의 뜻이라 생각하고 들어주실 것이다. 그대의 욕망이 신의 욕망과 조화되도록 힘쓸 때 신은 타인의 욕망이 그대의 욕망과 조화되도록 힘써주실 것이다.

—유대 경전

4월 15일

양을 치는 사람이 양이 자신의 뜻대로 되지 않는다고 해서 양떼에게 역정을 낸다면, 그 대신 눈먼 숫양을 안내자로 내세울지도 모른다.

—유대 경전

4월 16일

세상 사람들 모두가 다 누군가를 미워하더라도 그 사실만으로 그를 판단해서는 안 된다. 그 전에 주의 깊게, 왜 그런가를 조사해야 한다.

—중국 성언

4월 17일

자기희생 자체를 위한 자기희생이란 언뜻 생각하면 결코 합리적인 것이라고는 생각되지 않을지 모른다. 그런데 오늘날 자기희생은 날이 갈수록 우리가 실천하는 것 이상으로 필요해지고 있다. 그것은 다른 여러 목적을 위하여 더욱 그러하다.

그러나 나는 생각한다. 자기희생은 다른 목적을 위해서가 아니라 그 자체로서 선(善)이다. 이것을 충분히 생각하거나 시인하지 않고서는 우리가 자기희생을 실천할 수 없다. 자기희생은 우리 누구나 해야 할 의무이다.

그것이 자기 자신에게 이익이 되는 것이라고 생각한다면 우리는 지금까지보다 훨씬 많이 자기희생을 실천할 것이다.

―러스킨

4월 18일

목숨을 얻으려는 자는 목숨을 잃고, 나를 위해 제 목숨을 잃는 사람은 목숨을 얻을 것이다.

―〈마태오 복음서〉 10장 39절

하늘과 땅은 영원하다. 하늘과 땅이 영원한 이유는 하늘과 땅이 각각 자기 자신을 위하여 존재하는 것이 아니기 때문이다. 이것이 바로 하늘과 땅이 영원한 까닭이다.

성현은 자기로부터 항상 떨어져 있으므로 구원받는다. 그 때문에 자신을 위해서는 아무것도 구하지 않음이 필요하다. 그 때문에 자신에게 필요한 모든 것을 이룰 수 있다.

—노자

4월 19일

인생에서는 단 한 가지 진리만이 귀중하다. 그것은 진실을 지키고 정의에 따라 행위함을 말한다. 이 세상의 허위와 부정에 대하여 끊임없이 투쟁하고 동시에 다른 사람에 대한 친절을 게을리 하지 않음을 말한다.

—마르쿠스 아우렐리우스

4월 20일

말이 많은 자는 실행이 적다. 성인은 언제나 자신이 한 말에 실행이 따르지 않을까 염려한다.

—중국 성언

행동과 말이 일치되지 않을 것을 두려워하기 때문에 성인(聖人)은 결코 빈말을 하지 않는다.

—중국 성언

4월 21일

　인간이 지닌 여섯 가지 기관 중 세 가지는 인간의 지배 밑에 있으나 다른 세 가지는 인간의 지배 밖에 있다. 눈과 코와 귀가 그것이다. 왜냐하면 이들 기관은 인간 자신이 바라지 않는 것을 보고 듣고 냄새를 맡기 때문이다.

　그러나 입과 손과 발은 인간의 지배 밑에 있다. 인간이 바라는 바에 따라서 입은 신의 가르침을 말하기도 하고 욕설과 저주를 퍼뜨릴 수도 있다. 손은 남에게 베풀 수도, 남의 것을 훔칠 수도, 남을 죽일 수도 있다. 발은 성자를 찾아갈 수도, 나쁜 곳을 헤매고 다닐 수도 있다.

―유대 경전

4월 22일

　질주하는 수레같이 심한 분노를 억제할 수 있는 마부만이 인간으로서도 신뢰할 수 있는 마부라고 할 수 있다. 무능한 마부는 그저 고삐에 매달려 있는 따름이다.

―잠파다

　화를 내고 짜증을 내는 것은 좋지 않다. 우리를 화나게 하는 것보다도 훨씬 해롭다.

―레포크

4월 23일

참다운 신앙은 오직 평화롭게 있기 위해서 구하는 것이어서는 안 된다. 일하는 힘을 얻을 수 있도록 구해야 한다.

—러스킨

끊임없이 그리고 부지런하게 일하라. 일하는 것을 그대 스스로 불행이라고 생각하지 말라. 그리고 일함으로써 칭찬이나 이익을 얻고자 하지 마라. 다만 그대가 바라야 할 것은 모든 사람들의 행복뿐이다.

—마르쿠스 아우렐리우스

4월 24일

좋은 말만큼 좋은 것은 없으며 몹쓸 말만큼 몹쓸 것은 없다.

일생을 성자들 사이에서 보낸다면 인간에게 침묵 이상의 선은 없음을 알게 될 것이다. 지껄이는 것만으로는 죄를 피할 수 없다.

한마디 말이 화폐 한 장의 가치를 갖는다면, 침묵은 화폐 두 장의 가치를 가진다.

침묵이 현자에게 적합한 것이라면, 어리석은 사람에게는 더욱 적합할 것이다.

—유대 경전

4월 25일

남이 내게 해 주었으면 하는 일들을 남에게 하라. 이것은 율법이며 예언이다.

사람들이 성인에게 물었다.
"자기 행복을 위하여 일평생 내걸 만한 규범이 있습니까?"
성자가 답했다.
"있다. 바로 자신이 바라지 않는 것을 다른 사람에게 바라지 말라는 것이다."

―중국 성언

4월 26일

여자에 대한 육욕적인 집착을 뿌리째 뽑아 버리지 않는 한, 그대의 정신은 송아지가 어미소에 매달려있는 것과 같이 지상적인 것에서 영원히 떨어지지 못할 것이다.

육욕에 얽매인 사람들은 덫에 걸린 토끼와 같이 몸부림친다. 항상 갈망하던 칼을 뒤집어쓰고 언제까지나 새로운 고민 속으로 빠져 들어 간다.

―잠파다

4월 27일

어떤 사람은 권력에서, 어떤 사람들은 학문에서, 또 어떤 사람들은 향락에서 행복을 찾는다. 세 가지 욕망이 세 가지의 다른 학파를 만들고 모든 철학자들은 이 세 종류의 학파 중 하나에 속해 있다. 그러나 다른 사람보다도 한층 참된 철학에 도달하는 사람은 보편적인 행복, 즉 모든 사람의 노력의 대상이 될 수 있는 것은 이 세 가지 중에 없다는 사실을 알고 있다. 그리고 그들은 참된 행복은 모든 사람의 손실도 질투도 없이 얻을 수 있으며, 자기 의지에 반하여 잃게 되는 것이 아니라는 점을 이해하고 있다.

—파스칼

4월 28일

이 너무나 약하며 숱한 희망으로 가득 찬 의상을 입은 영상을 보라. 이 속에 힘은 없다.

제 스스로 제 몸을 지킬 수도 없다. 이 약하고 힘없는 육체는 소모되며, 그 속에 들어있는 생명은 언제 죽음으로 옮겨갈지도 알 수 없다. 두개골은 마치 가을에 딴 호박과도 같다.

"그래도 기뻐할 수 있을까? 아직도 희망을 가질 수 있을까? 뼈가 살로 덮이고 피로 길러져 육체는 그 모양을 갖추고 있다. 그 속에는 늙음과 죽음이 자리 잡고 있다. 더욱이 교만과 불손함이 동시에 깃들어 있다."

"왕후의 화려하고 아름다운 마차도 부서질 때가 오는 법이다. 늙음은 육체를 파멸로 이끄는 것이다. 다만 선의 가르침만이 늙지 않는다. 소멸하지 않는다. 참으로 고귀한 것만을 고귀하다고 부르게 하라."

―잠파다

4월 29일

무지를 두려워하라. 그러나 그릇된 지식은 그보다 더욱 두려운 것임을 알라. 허위의 세계로부터 그대의 눈길을 돌리도록 하라. 자신의 감정을 믿지 마라. 감정은 때때로 자신을 속이기도 한다. 그러므로 스스로의 내면의 인간성을 탐구하라.

진실로 무지는 공기 없는 밀폐된 세계와도 같다. 그 속에 인간의 영혼은 새장에 갇힌 새와 같이 앉아 있지만 노래하고 날개를 펼치지는 못한다. 그러나 무지는 영혼의 빛에 비추지 못하는 머릿속에만 있는 학문보다는 낫다.

―석가모니

4월 30일

이상은 언제나 자기 자신 속에 있다. 그러나 그 방해물 또한 그대의 내면세계에 존재함을 염두에 두라. 그대의 환경은 그대가 이상의 실현에 힘쓰지 않으면 안 될 한낱 재료에 불과하다.

철인이란 다음과 같은 사람을 말한다. 자기보다 높은 곳에 있는 것을 자기 수준에까지 끌어내리고, 자신보다 낮은 곳에 있는 것을 자기 수준에까지 끌어올리는 사람, 예컨대 생명을 가진 모든 것을 자신과 평등한 것으로, 형제와 같이 생각하는 사람을 말한다.

―칼라일

chapter 5
5월의 이야기

적에게 무엇으로 갚을 것인가? 가능한 한 그에게 선을 행하는 노력으로 갚으라.

―에픽테토스

Story this month

~ • 5월의 이야기 • ~

육 식

   모든 사람들이여, 피를 더럽히면서까지 용서받지 못할 식사를 할 것까지는 없다. 여러분 가까이에는 식용 식물이 얼마든지 있지 않은가? 온갖 나뭇가지에서는 과일들이 주렁주렁 매달려있지 않는가?
   신선한 포도송이, 맛좋은 풀뿌리와 풀잎이 벌판을 뒤덮고 있지 않은가? 깨끗한 우유, 달콤한 꿀, 향긋한 열매 모두가 그대들의 손아귀에 있다. 대지는 풍요한 모든 혜택을 그대들에게 제공하고 있지 않은가?
   참혹한 살생을 하지 않더라도, 피를 흘리지 않더라도 대지는 훌륭한 식탁을 준비해 놓고 있지 않은가?
   날고기로 굶주림을 채우는 이는 오직 야수들뿐이다. 야수가 아닌 말, 소 그리고 양 같은 것들은 초식으로 살아가고 있다. 그리고 호랑이, 사자, 굶주린 늑대, 피를 보고 기뻐하는 곰 같은 야수만이 육식의 미치광이다.
   우리는 왜 이러한 죄악적인 습관을 가지고 있는 것일까? 왜 이와 같이 추악하고 탐욕스러운 행동을 하는 것일까?
   우리와 다를 바 없는 생명을 가진 것의 피와 고기로 자기의 굶주림을 면한다는 것은 용서할 수 없는 일이다. 살생해서 그 죽음으로써 자신의 생명을 유지한다는 것은 용서할 수 없는 일이다. 우리는 야수가 아니다. 인간이다.

    이빨을 드러내고 피 흐르는 살과 뼈를 야수같이 물어뜯는 것은 얼마나 수치스러운 일인가!

    우리는 다른 생명을 희생하지 않고서는 그와 같은 식욕을 만족시킬 수 없단 말인가? 예부터 미풍이 잘 지켜졌다. 그것은 참으로 인류의 황금시대란 말에 어긋나지 않는다. 그리고 사람들은 행복했고, 친절하고, 소박하기만 했다. 그리고 단지 대지가 제공해 주는 과일만으로 만족하고 배불렀다.

    입은 피로 더럽혀지지 않았다. 새들은 위험에 처하지 않았으며, 자유롭게 창공을 날아다녔다. 토끼에게도 위험이라곤 없었다. 물고기도 제물이 되지 않았다.

    아무도 공포나 기만 같은 것을 알지 못했다. 평화만이 온 세상을 지배하고 있을 뿐이었다.

    그렇지만 이러한 것들은 지금 어디로 다 사라졌을까!

    죄 없는 양들이여! 너는 인간에게 은총을 베풀기 위하여 태어난 선량하고 온순한 동물이다. 그런데 왜 무참하게 살생당하고 있는가? 너는 수많은 젖을 우리에게 먹여 줄 뿐만 아니라 부드러운 털로 우리를 따뜻하게 보호해 주고 있지 않은가? 양은 인간을 돕기 위하여 태어났으며, 온순하고 착한 농부의 벗이 되고 있지 않은가?

    인간들이여, 그대들의 습성은 가공할 만하다. 그대들이 걷고 있는 길은 죄악의 길이기도 하다. 죽음을 앞에 놓고 슬픈 소리로 울부짖는 죄 없는 소를 죽이는 인간, 잡아먹기 위하여 사육하는 인간은 얼마 가지 않아 다른 인간을 죽이는 것까지도 대수롭지 않게 생각할 것이다.

문명인에게 잔인한 육식의 습성이 있는 이상 사람 고기를 먹는 것도 당연하리라.

형제들이여, 나는 그대들에게 육식을 금하라고 호소한다. 내가 하는 말을 명심하기를! 살생하기 위하여 대지를 경작하는 괭이를 저버려서는 안 된다. 다른 동물들은 그대들에게 충실하게 봉사하고 있다. 결코 살생을 해서는 안 된다. 그리고 자신을 보호할 수단을 갖지 못한 가축을 살생해서는 안 된다. 가축은 부드러운 털로 그대들을 따뜻하게 보호해 주며, 풍부한 젖으로 그대들의 목을 축여 주기도 한다. 그러므로 가축들이 즐겁게 살도록 목장에서 평화롭게 자연을 누리게끔 놓아두어야 한다.

함정을 만들어서는 안 된다. 또 하늘을 나는 새를 건드려서도 안 된다. 새가 자유롭게 하늘을 날 수 있게끔 하며, 그대들의 참된 행복에 대하여 노래하게끔 하라.

교활하게 둘러친 그물, 죽음으로 유혹하는 낚싯바늘 등은 모두 버려야 한다. 물고기들을 기만과 교활의 그물로 잡아서는 안 된다. 다른 생물의 피로 인간의 입을 더럽혀서는 안 된다.

인간은 끝내 죽음의 길로 떠난다.

죽지 않으면 안 되는 생명은 역시 죽지 않으면 안 될 다른 생명을 가

없게 생각해야 한다.
　용서받은 음식물을 먹어야 한다. 인간의 사랑과 순결에 적합한 음식물만을 먹어야 한다.

―오비디우스

Daily stories

5월 1일

사랑하고 기도하고, 그리고 고민하고 있다면 그대는 참다운 인간이다.

―인도 격언

현자는 자기에게 이익이 된다고 해서 사람을 사랑하는 것이 아니라 사랑 속에서 행복을 느끼기 때문에 사랑하는 것이다. 현자에게는 숭고하고 한없는 그 무엇이 존재하며, 자신이 그것에 의존하고 있음을 알고 있다. 괴로움은 혼자만 갖고 있는 것이 아님을 현자는 알고 있다.

―인도 격언

5월 2일

숨겨진 것은 드러나게 마련이고, 감추어진 것은 알려져 밝혀지기 마련이다.

―〈루카 복음서〉 8장 17절

아무리 작은 것일지라도 반드시 나타난다. 숨긴 것은 모두 때가 되면 나타나는 법이다. 아무리 감추려고 해도 나타날 수밖에 없다.

―공자

5월 3일

"죽을 때까지 매일매일 참회하라. 매일 회개하라." 솔로몬이 이와 같이 말한 것은 이런 의미에서였다. 즉 언제나 그 의복을 깨끗이 하며, 머리에 기름을 바르고 단정히 하라는 말이었다.

―유대 경전

5월 4일

그대들은 인간의 눈으로는 도저히 볼 수 없는 무수하고 아름다운 것을 신께서 만들어 주셨음을 알아야 하며 기뻐하지 않으면 안 된다. 또한 인간의 마음에 간직할 수 없을 만큼 그리고 자신의 힘으로 바로잡을 수 없을 만큼 무수한 죄악을 행하고 있음을 알고 슬퍼하지 않으면 안 된다.

—러스킨

유쾌한 마음을 언제나 잃어버리지 않기 위한 중요한 비결이 있다. 그것은 작은 일에 화내지 않으며, 어떠한 작은 의무일지라도 그것을 수행하는 데 큰 만족을 느끼는 것이다.

—스마일

5월 5일

누구나 자신이 모든 행복을 누릴 충분한 값어치가 있다고는 생각하지 않는다. 그러나 인간이 생각할 수 있는 가장 큰 행복은 자신의 지혜에 따라 행동하는 것이다. 그 지혜의 결정은 당신에게 "남에게 착한 행동을 할 것, 그렇게 하는 것이 스스로에게도 가장 큰 행복이라고 생각하라." 하고 명령할 것이다.

—마르쿠스 아우렐리우스

악은 선으로 보답하라.

—유대 경전

적에게 무엇으로 갚을 것인가? 가능한 한 그에게 선을 행하는 노력으로 갚으라.

—에픽테토스

5월 6일

결백한 사람은 항상 자기를 죄인으로 생각하며 죄 없는 자는 항상 자신을 결백하다고 생각한다. 거짓된 생각을 좋아하는 자는 악의 길로 돌아서며 이윽고 파멸하고 만다. 즐거움의 길을 걷는 자는 믿음 있는 가르침을 따라서 죄인 속에서 죄를, 결백 속에서 결백을 발견할 수 있는 사람이다.

—잠파다

5월 7일

물질적인 자연에는 악이 존재하지 않는다. 악은 모든 사람들에게 존재한다. 그리고 모든 사람들에게는 선에 대한 인식과 선악을 구별하고 선택할 수 있는 자유가 있다.

—마르쿠스 아우렐리우스

만약 그대가 이러한 단계에 도달하지 못해 서로 모순된 두 가지 진실에 당면하는 일이 없다면, 그대는 아직 참다운 사색을 알았다고 할 수 없을 것이다.

—톨스토이

5월 8일

우리는 누구나 매일같이 '신의 나라가 우리 앞에 오게 해 주소서.' 하고 기도하도록 가르침을 받는다. 그러나 누가 거리를 걸으면서 이러한 말을 중얼거린다면 우리는 신의 이름을 이유 없이 부르는 것이라는 생각이 들어 화가 날 것이다. 그러나 만일 우리가 조금도 마음을 괴롭히지 않는 일이나 전혀 필요 없는 것을 신께 기원한다면 그 몇 배나 이유 없이 신의 이름을 부르는 셈이 될 것이다.

신은 이와 같은 기원을 반가워하지 않으신다. 신께 기원할 필요가 없는 일로 기원하는 것은 신에 대한 가장 무서운 모독이다. 이것은 몽둥이 같은 것으로 신의 머리를 때리는 것이나 다름없다.

우리가 진심으로 신의 나라가 오기를 기원하는 것이 아니라면 기원하지 마라. 만일 기원한다면 단순히 기원할 뿐만 아니라 신의 나라가 진실로 오도록 자신의 힘으로 노력해야 한다.

—러스킨

5월 9일

도대체 언제쯤 그대는 육체적 인간이 아닌 정신적 인간이 될 수 있겠는가? 또한 그대는 언제쯤 만인을 사랑하는 행복을 추구할 것인가? 또한 그대는 언제쯤 자신의 행복을 위하여 사람들이 그대에게 죽음으로써 헌신하는 것을 필요로 하지 않고 인생에 대한 높은 이해에 의하여 스스로를 비애나 육욕으로부터 해방시킬 수 있겠는가? 언제쯤 그대는 참된 행복이 항상 당신의 힘 속에 있고, 그것이 자연의 아름다움이나 타인과의 관계에 의한 것이 아님을 깨달을 것인가?

—마르쿠스 아우렐리우스

5월 10일

눈에 보이지 않는 것, 손으로 만질 수 없는 것, 영혼에 속하는 것, 우리의 내부 속에서 자기 자신에 의하여 인식할 수 있는 것만이 진실한 것이다. 눈에 보이고 손으로 만질 수 있는 모든 것은 우리의 감각이 만들어낸 현상이다. 그러므로 그것은 오직 외관상의 현상에 불과하다.

—톨스토이

5월 11일

모든 인간의 행위를 측량하는 척도는 이익이 아니라 정의이어야 한다는 것은 신에 의하여 정해진 법칙이다.

그러므로 어떤 행위의 이익 정도를 측량하는 노력은 언제나 부질없다. 누구나 어떤 행위에서 생겨나는 최후의 결과가 자신이나 그 이외의 모든 사람들에게 어떤 이익을 가져오느냐 하는 것은 과거,

현재, 미래를 통해 알 수 없을 것이다.

 그러나 사람은 누구나 어떠한 행위가 정의로우며 어떠한 행위가 정의롭지 못한가를 알 수 있다. 그리고 누구나 정의로운 행위의 결과는 최후에 반드시 우리 자신에게나 다른 사람에게 이로운 것임을 똑똑히 알 수 있다. 비록 그것이 어떻게 이로운 것인가를 꿰뚫어 볼 수 있는 힘이 우리에게 없다 할지라도.

―러스킨

5월 12일

성인은 무엇에서나 도움을 받을 수 있다. 왜냐하면 성인이 하는 일은 모든 사물과 사람 속에서 선을 찾아내는 것이기 때문이다.

―러스킨

성인은 모든 것을 자기 자신 속에서만 구한다. 어리석은 자는 모든 것을 다른 사람에게서 구한다.

―중국 성언

5월 13일

현세의 교훈 중 가장 곤란한 것이 그리스도의 교훈에 의하면 가장 용이한 것이 된다. 그 반대 또한 마찬가지이다.

 현자의 교훈에 의하면 그리스도의 교훈에 따라 생활한다는 것은 참으로 어렵다. 그러나 그리스도인에게는 그것이 참으로 행복이다. 현세의 교훈에 의하면 재물이나 권력을 얻는 것만큼 훌륭한 일은 없다. 그러나 그리스도인에게는 재물이나 권력을 가지고 생활하는 것만큼 어려운 일은 없다.

―파스칼

5월 14일

자신이 하고자 하는 선을 행할 만한 힘이 없을 때 성인은 슬퍼한다. 그러나 사람들이 그의 선행을 알아주지 않거나 그에 대하여 그릇된 판단을 하더라도 조금도 슬퍼하지 않는다.

―중국 성언

다른 사람을 행복하게 하려고 마음을 쓸 때 우리는 자기 자신의 행복을 얻을 수 있다.

―플라톤

5월 15일

우리는 미완성이기 때문에 여러 가지 물건을 사랑하고 아끼는 것이다. 미완성이란 인간의 법칙이다. 거기에는 노력이 필요하며 인간 정의의 법칙으로서 자애가 필요하기 때문에 신에 의하여 정해진 것이다. 완성이란 단지 신에게만 존재할 따름이다. 인간의 지혜는

완성에 가까워질수록 신과 인간과의 사이에 있는 한없는 차이가 있음을 절실히 느끼게 된다.

—러스킨

5월 16일

신을 사랑하는 학문이 있는 사람은 누구를 닮았다고 할까? 그는 연장을 든 장인과도 같다. 학문은 있으나 신을 사랑하는 마음이 없는 사람은 연장이 없는 기술자와도 같다. 신을 사랑하고 있으나 학문을 돌보지 않는 사람은 연장을 가졌으나 일할 줄 모르는 기술자와도 같다.

—유대 경전

5월 17일

스스로 노동함으로써 빵을 얻지 않는 사람들에게 참된 종교상의 지식을 움트게 하고 순수한 덕성을 발현시키기란 생리적으로 불가능하다.

―러스킨

제 손으로 일하는 것 이상으로 가치 있는 일은 아무도 가르칠 수 없다. 생활필수품은 오직 제 손으로 씨앗을 뿌림으로써 얻지 않으면 안 된다.

―러스킨

5월 18일

그 누구에게도 함부로 행동하거나 잔인해서는 안 된다. 왜냐하면 그 사람들 역시 그대에게 그렇게 하기가 쉽기 때문이다. 분노는 그 뒤에 고뇌를 이끌어 온다. 남을 때리면 그 보답으로 얻어맞을 것이다.

―잠파다

5월 19일

만일 당신이 참으로 자유롭고자 한다면 신으로부터 받은 것은 신에게 반환할 용의를 항상 가지고 있어야 함을 기억하라.

그대는 죽음뿐만 아니라 가장 괴로운 고뇌나 시련에 대해서도 준비하지 않으면 안 된다.

모든 사람들이 진리를 위해서가 아니라 허위를, 그리고 현재의 자유를 위하여 목숨을 던지는 일이 얼마나 빈번한가.

그리고 인생의 중압에서 벗어나기 위하여 자신을 말살하는 경우도 참으로 많다.

허위의 자유도 이와 같은 희생 없이 얻을 수 없는데, 참된 자유를 번뇌나 육체상의 고통 없이 어찌 얻을 수 있겠는가.

그리고 만약 당신이 참된 자유에 대하여 그 대가를 지불하는 데 인색하다면 당신은 노예의 종일 수밖에 없다. 당신에게 이 세상의 모든 존경이 집중되고 그대 자신이 제왕이 되었다 할지라도 노예의 종일 수밖에 없다.

―에픽테토스

5월 20일

선은 증오에서 생길 수 없다. 선은 다른 곳에서 빌려 올 수도 없다. 선은 오직 사랑에 의해서만 행할 수 있다.

―러스킨

누가 그대에게 착한 일을 한다면 그것 자체가 선이다. 그럼에도 불구하고 자신의 선행에 대하여 그대가 칭찬이나 보수를 얻으려고 애쓴다는 것은 참으로 유감스러운 일이 아닐 수 없다.

―마르쿠스 아우렐리우스

5월 21일

영예를 좇는 사람들에게서는 영예는 달아난다. 영예를 피하는 사람 뒤에는 반드시 영예가 따르는 법이다. 자신의 영예는 생각하지 않고 오직 신의 영예만을 크게 하기에 전심하는 사람은 신의 영예와 더불어 자기 영예마저 크게 한다. 신의 영예는 기뻐하지 않고 오직 자기의 영예만 추구할 때 신의 영예는 덜해짐이 없으나 그 자신의 영예는 작아질 따름이다.

―유대 경전

5월 22일

사람이 악을 행할 때, 그 악은 자기 자신에게 행하는 것이나 다름없다. 다른 사람은 그대에게 결코 악을 행할 수 없다. 그대는 악을 행하기 위하여, 또 다른 사람과 함께 죄악을 범하기 위하여 태어난 것이 아니다. 착한 일로 다른 사람을 돕고, 그 속에서 행복을 얻기 위하여 태어난 것이다. 사람이 불행한 것은 죄악 때문임을 알라. 신은 모든 사람을 행복하도록 만들었으며, 불행하도록 만들지는 않았기 때문이다.

인생에 있어서 신이 우리에게 보여 주는 것 중 그 일부분은 우리 자신의 통제 밑에 있다. 그것은 우리의 소유물이다. 그리고 다른 부분은 우리의 힘밖에 있다. 우리에게 속한 것이 아니다. 다른 사람이 함부로 결박하고 폭력을 가하고, 우리에게서 박탈할 수 있는 것은 모두 우리에게 속하지 않은 것들뿐이다.

그러나 아무도 방해할 수 없으며 해를 가할 수 없는 것이야말로 우리 자신의 소유물이다. 그리고 신은 그 은혜로 우리 자신의 소유물 속에 참다운 행복을 부여하셨다. 이리하여 신은 우리의 적으로서가 아니라 우리의 인자하신 아버지로서 행동하신다. 신이 우리에게 주시지 않는 것은 우리에게 참다운 행복을 줄 수 없는 것뿐이다.

―에픽테토스

5월 23일

이 세상에서 물같이 부드럽고 잘 순종하는 것은 없다. 그러나 물은 강하고 단단한 것 위에 떨어질 때 그 어느 것보다 힘이 세어진다. 약한 것은 강한 것을 이기는 법이다. 부드러운 것은 딱딱한 것을 이기고 만다. 이 세상 모든 사람은 이것을 잘 알고 있다. 그러나 이대로 행하려고 하는 자는 거의 없다.

―노자

죽음은 그대 옆에 너무도 빠르게 다가온다. 그러나 그대가 허위와 정욕에서 벗어날 수 없는 동안은, 이 세상의 표면적인 것이 그대를 해칠 수 있다는 편견에서 떠날 수 없는 동안은 그대는 많은 사람들에게 친절해질 수 없을 것이다.

—마르쿠스 아우렐리우스

5월 24일

우선 한 가지 나쁜 버릇을 고쳐라. 그러면 열 가지 나쁜 버릇이 없어질 것이다.

다른 나쁜 버릇에 덩달아 생기는 나쁜 버릇이 우리에게는 있다. 그러므로 그 근본되는 나쁜 버릇을 없애 버리기만 하면 그런 지엽적인 나쁜 버릇은 나무를 베면 가지가 떨어지듯이 우리에게서 떨어지고 말 것이 아닌가.

—파스칼

5월 25일

참으로 이상한 일이다. 사람들은 다른 사람에게서 받은 악에 대해서는 화를 내고 싸우지만 자기 자신 속의 악과는 싸우려고 하지 않는다. 다른 사람의 악은 제아무리 애를 써도 고칠 수 없지만 자신 속의 악은 이길 수 있는 법이다.

—러스킨

5월 26일

어떤 사람이 입으로 말하는 것만을 듣고 그 사람의 하는 일과 행위를 판단할 수는 없다. 반대로 그 사람의 하는 일이나 행위만으로는 무엇 때문에 그 사람이 그러한 일을 하며 그 사람의 머리에는 어떤 생각이 들었는지, 마음속에 어떤 감정이 있는지 판단할 수는 없다.

비록 내가 어떤 사람이 아침부터 밤까지 쉬지 않고 몸을 움직이며 책을 읽고, 글을 쓰고 또는 노동을 하고 있음을 보아도, 또는 밤새도록 자지 않고 일터에 갇혀 있는 것을 보아도 그 사람이 일이 즐거워서 그렇다고 말할 수는 없는 것이다. 그가 무엇 때문에 그런 일을 하고 있는가를 내가 알지 못하는 동안은 그럴 수밖에 없는 것이다.

어떤 사람이 밤새도록 몸을 파는 여자와 음탕한 짓을 하였다면 아무도 그가 일하기를 즐기며 다른 사람들을 위하여 일했다고는 말할 수 없을 것이다.

또한 의롭지 못한 목적을 위하여, 예컨대 돈과 명예를 위하여 행해지는 일만이 언제나 더러운 것은 아니다.

아름다운 것도 때로는 더러운 목적을 위하여 행해진다. 그리고 더러운 목적을 위하는 것이라면 사람이 아무리 쉬는 일 없이 일하기를 즐겨도 다른 사람들의 이익을 위하여 일하고 있다고는 할 수 없는 것이다.

—에픽테토스

5월 27일

우리의 결점을 가르쳐 주는 사람들에게 감사해야 한다. 물론 우리의 결점은 가르침을 받았다고 해서 그대로 없어지는 것은 아니다. 우리의 결점은 너무나 많기 때문이다. 그러나 그러한 가르침을 받음으로써 우리는 자신의 결점을 알 수 있으며, 마음이 불안해져서 그 결점을 그냥 둘 수 없게 된다. 그리하여 우리는 결점을 바로잡고 그러한 결점에서 벗어날 수 있도록 애쓴다.

—파스칼

5월 28일

다른 생물들을 잔인하게 괴롭힐 수 있다고 해서 인간이 강한 것은 아니다. 그와 반대이다. 온갖 생물의 괴로움을 같이 괴로워할 수 있기 때문에 인간이 강한 것이다. 그렇기 때문에 인간은 강한 자 또는 영장이란 이름을 받으며 만물의 존경을 받는 것이다.

—잠파다

5월 29일

이성을 가진 인간의 가장 큰 특징은 자신의 운명에 자진해서 복종한다는 것이다. 다른 동물에게서 볼 수 없는 운명과의 비참한 투쟁은 하지 않는 법이다.

—마르쿠스 아우렐리우스

5월 30일

자 이제, 부자들이여! 그대들에게 닥쳐오는 재난을 생각하며 소리 높여 우시오. 그대들의 재물은 썩었고 그대들의 옷은 좀먹었습니다. 그대들의 금은은 녹슬었으며, 그 녹이 그대들을 고발하는 증거가 되고 불처럼 그대들의 살을 삼켜버릴 것입니다. 그대들은 이러한 때에도 재물을 쌓기만 했습니다. 보십시오, 그대들의 밭에서 곡식을 벤 일꾼들에게 주지 않고 가로챈 품삯이 소리를 지르고 있습니다. 곡식을 거두어들인 일꾼들의 아우성이 만군의 주님 귀에 들어갔습니다. 그대들은 이 세상에서 사치와 쾌락을 누렸고, 살육의 날에도 마음을 기름지게 하였습니다. 그대들은 의인을 단죄하고 죽였습니다. 그러나 그는 그대들에게 저항하지 않았습니다.

―〈야고보 서간〉 5장 1~6절

5월 31일

무엇이든 한 가지 일을 좋고 올바르게 하기 위해서는 그 일하는 방법을 알지 않으면 안 된다. 이것은 누구나 이해하고 있는 것이기도 하다. 올바르고 좋게 산다는 것도 그와 같다. 올바르고 좋게 사는 방법을 알지 않으면 안 된다. 그런 후에 올바르고 좋게 살기를 바라지 않으면 안 된다.

―에픽테토스

chapter 6
6월의 이야기

가장 현명한 교사는 누구보다도 적게 논쟁하는 사람이다.

―러스킨

Story this month

~ • 6월의 이야기 • ~

산 자와 죽은 자를 분단하는 선

   하늘은 정오가 지나면서 다시금 맑게 개이고, 태양은 강물을 둘러싼 연봉(連峯) 쪽으로 찬란한 빛을 발산하기 시작했다. 주위는 쥐 죽은 듯이 조용하기만 하다.
   가끔 산 저쪽에서 생각난 듯이 나팔 소리와 적들이 외치는 소리가 들려올 따름이다. 중대와 적군 사이에는 몇 명의 척후병 이외에는 아무것도 보이지 않는다. 오로지 이천 피트쯤 되는 막막한 공간이 아군과 적군 사이를 가로막고 있을 뿐이다.
   적군은 사격을 중지했지만 도리어 그 때문에 양쪽 군대를 나누고 있는 엄숙하고 무섭고 포착할 수 없는 선이 더욱 분명히 느껴질 따름이다.
   '이 산 쪽에 있는 인간과 죽은 인간을 분별하는 선, 어떤 그 무엇인가를 연상하게 하는 이 선을 한 발자국만 내딛어도 예측할 수 없는 고통과 죽음이 기다리고 있을 뿐이다. 저쪽의 들판과 나무 혹은 태양이 번쩍이는 지붕 저쪽에는 대체 무엇이 있을까? 그리고 누가 있을까? 그것은 아무도 모른다. 그렇지만 자꾸만 알고 싶을 뿐이다. 이 선을 넘어가기란 쉬운 일이 아니다. 그렇지만 넘어 보고 싶다. 결국 한번은 이 선을 넘어서 저쪽에 무엇이 있는지 알지 않으면 안 된다. 이것은 죽음 저쪽에 무엇이 있는가를 알지 않으면 안 된다는 것과도 같다. 나는 지금 이렇게 튼튼하고 건강하고 쾌활하면서도 초조해하는 것이 아닌가! 그리고 초조해하는 사람들 틈바구니에 함께 끼여 있는 것이 아닌가!'

지금 적의 전면에 있는 사람들이 저마다 이런 생각을 하지 않고 있다고 하더라도 그것이 무엇인지는 틀림없이 알고 있을 것이다. 그리고 이러한 감정은 이 순간에 발생한 모든 사물에 밝은 광채와 뚜렷한 인상을 준다.

Daily stories

6월 1일

당신이 하고 싶어 하는 모든 착한 일을 충분히 실행할 수 없더라도 낙담하거나 실망해서는 안 된다. 만약 당신이 가치 있다고 생각한 높은 곳에서 떨어지거든 또다시 거기로 올라가도록 노력하라. 인생에 있어서의 시련은 겸양으로써 참아라. 그리고 스스로 되돌아서서 자기 자신의 기초로 돌아가라.

―마르쿠스 아우렐리우스

수치를 모르는 사람은 이기주의자이다. 교활하고 남을 비방하는 악인은 산다는 것이 용이하게 생각된다. 끊임없이 죄 없는 생활에 정진하며, 항상 친절하고 지혜가 깊고 이기심이 없는 사람에게는 생활은 괴로운 것으로 생각될 것이다. 그러나 그것은 모두 표면적이다. 전자는 언제나 여러 가지 일로 마음을 괴롭히고 있으나 후자는 언제나 마음이 편안하다.

―잠파다

6월 2일

진리를 탐구하는 일에는 번뇌와 불안이 따른다. 그러나 진리를 탐구하지 않으면 안 된다. 그 까닭은 진리를 찾아내지 않고 사랑하지 않는다면 파멸뿐이기 때문이다.

"만약 진리가 나에게 사랑받기를 바란다면 진리 자신이 미리 내 앞에 모습을 보여야만 할 것이다."라고 말할는지 모른다.

그러나 진리는 지금도 그대 앞에 모습을 나타내고 있다. 다만 그대가 주의를 하지 않기 때문에 보지 못할 뿐이다. 진리를 구하라. 진리는 그것을 바라고 있다.

―파스칼

확실하지 않은 것은 확실하게 할 필요가 있다. 그렇게 하기가 곤란한 일은 한층 더 확고한 각오가 필요하다.

―공자

6월 3일

어느 길에서 강도가 나온다면 그 길로 나그네는 다니지 않을 것이다. 누구나 경계하는 사람이 오기를 기다려 그 사람과 함께 위험을 피해 갈 것이다. 인생에 있어서 지혜 깊은 사람은 이 나그네와 같이 행동할 것이다.

그는 혼잣말로 말한다.

"인생에는 도처에 재난이 수두룩하다. 이 많은 재난을 피하려면 어디에다 보호를 구할 것인가? 위험이 없이 여행하려면 어떤 동행인이 오기를 기다려야 할 것인가? 누구의 뒤를 따라가면 좋을까? 저 사람들인가 혹은 또 다른 사람들인가? 돈 있는 사람인가 혹은 권세 있는 사람인가? 그렇지 않으면 임금인가?"

그는 잠깐 멈추었다가 다시 혼잣말로 말한다.

"이들 중 누구 하나 보호해 줄 사람이 없다. 왜냐하면 그들은 누구나 서로 빼앗고 죽이고 서로 탄식하고 불행을 느끼기 때문이다. 그들은 나를 약탈하고 공격할지도 모른다. 그러면 나를 공격하지도 않고 보호해 줄 만한 신뢰할 수 있는 힘찬 동행인을 나는 얻을 수 없을 것인가? 나는 누구의 뒤를 따라가면 좋을까?"

또한 지혜 깊은 사람은 혼자 대답한다.

"신의 뒤를 좇음이 가장 위험이 적다. 그러나 신의 뒤를 좇는다 함은 무엇을 의미하느냐? 그것은 신이 원하는 것을 바라며, 신이 바라지 않을 것은 바라지 않는다는 의미이다. 그러나 어떻게 하면 그렇게 할 수 있느냐?"

　신의 율법 속으로 침투하라. 그러면 신의 율법은 그대 자신의 마음속에 기록된다.

—에픽테토스

6월 4일

아첨이 세도를 부리면 규칙은 문란해지고 도덕은 깨진다.

—유대 경전

　한 국민과 다른 나라의 국민을 갈라놓는 것은 드넓은 바다가 아니다. 언어 차이 또한 아니다. 그것은 어리석음이며 적개심이다.

—러스킨

6월 5일

이런 결과를 예상하고 있으면서도 그 결과를 부정하는 사람에 대하여 자연은 결코 위대한 진실을 열어 보이지 않는다. 그와 같은 사람은 이미 아첨에 빠진 사람이다. 그는 더욱 아첨 받기를 원하고 있으며, 자신의 그릇된 견해를 어디까지나 정당하다고 믿으려 한다.

—러스킨

6월 6일

다른 사람이 그대를 우러러보기를 목적으로 하는 선은 베풀지 마라. 그런 선에 대해서는 신은 그대를 돌보지 않으실 것이다. 그러므로 자선을 베풀 적에 위선자가 남에게 칭찬을 받으려고 회당이나 거리에서 하는 것처럼 스스로 나팔을 불지 마라. 내가 진실로 그대에게 말하나니 그들은 자기들이 받을 상을 다 받았다.

—〈마태오 복음서〉 6장 1~2절

그대가 행한 착한 일에 대하여 도리어 사람들이 그대를 비난할 때 그대는 무엇보다도 높은 곳에 있다.

—마르쿠스 아우렐리우스

6월 7일

그대가 만일 다른 사람들에게 아무것도 기대하거나 요구하지 않는다면, 벌(蜂)이 다른 벌을 두려워하지 않는 것처럼, 또 말이 다른 말을 두려워하지 않듯이 두려워할 것이 없다. 그러나 만일 그대의 행복이 다른 사람들의 지배 아래 있다면 그대는 틀림없이 두려움을 느낄 것이다.

그러므로 우리는 다음과 같은 점들에 유의해야 한다. 먼저 우리 자신에게 소속되지 않은 일체의 것으로부터 떨어질 것, 그러한 것들이 지배하면서 우리의 주인 행세를 하지 못하도록 멀리 떨어질 것, 육체에 필요한 모든 것, 즉 재물이나 명예, 지위에 대한 애착으로부터 떨어지지 않으면 안 된다. 이런 것들은 모두 나의 소유가 아니다. 이렇게 자기 자신에게 언명하지 않으면 안 된다.

그러면 다른 사람의 폭력에 대하여 폭력으로써 대항할 필요가 없게 된다. 예컨대 감옥 따위가 어찌 영혼을 허물어뜨릴 수 있단 말인가. 감옥을 무서워할 필요가 없다. 혹은 폭력을 가하는 사람과 싸우거나 그들을 살해하거나 할 필요도 없다. 그들의 감옥과 수갑, 무기도 내 영혼을 어찌지 못한다. 내 육체는 사로잡힐지도 모른다. 그러나 내 영혼은 자유롭다. 내 영혼은 그 무엇이든 사로잡을 수 없다. 그리하여 나는 원하는 대로 살고 있다.

그러면 어떻게 해야만 이러한 경지에 이를 수 있겠는가? 그것은 바로 자기의 의지를 신의 의지에 종속시키는 것으로만 가능하다. 신이 내가 열병에 걸리지 않기를 원한다면 나도 원한다. 또 내가 이런 일이 아니라 저런 일을 하기를 신이 바란다면 나도 그렇게 바란다. 내가 바라지 않았던 일이 내 몸에 일어나기를 신이 원한다면 나 역시 그것을 원한다. 또 신이 내가 죽기를 원하신다면 나도 그렇기를 원할 것이고, 시련을 주기 원하신다면 그 시련을 받기 원할 것이다. 우리는 이렇게 살아야 하는 것이다.

―에픽테토스

6월 8일

창조주인 신이 그대의 주인이 될 수 있을 때란 일하는 것이 중요하고 보답이 이차적이 될 때이다. 그와 반대로 일은 이차적이 되고 보답이 더욱 중요하다고 느낄 때에는 그대는 보답의 노예가 되고 말 것이다. 그리하여 그대의 마음은 가장 저열하고 가장 추악한 악마의 소굴이 될 것이다.

온갖 무익한 낭비, 그중에서도 가장 용서할 수 없는 낭비는 노동의 낭비 그것이다.

모든 선의 법칙 중 첫째 법칙은, 모든 사람들은 그 빵을 자신의 노동에 의하여 얻지 않으면 안 된다는 점이다. 그리고 최후의 법칙도 빵을 자신의 노동에 의해서 얻지 않으면 안 된다는 점이다.

—러스킨

6월 9일

지혜로운 일을 많이 할수록 그 사람의 인생이 점점 풍요해진다.

—러스킨

자신의 사상을 조심하라. 말을 조심하라. 모든 못된 행위에 조심하라. 이 세 가지 점을 주의할 때 그대는 성현의 길에 발을 들여놓은 것이다.

6월 10일

천재란 항상 다른 사람들보다 많이 노력하는 사람이다. 그리고 자기가 한 일에서 다른 사람들보다도 많은 선을 끌어내는 사람이다. 그는 자기가 가지고 있는 신성한 재능에 대해서는 극히 일부만을 의식한다. 자기의 모든 힘은 일 자체의 본성에서 온 것이라고 의식한다. 천재란 그와 같은 사람이다.

―러스킨

6월 11일

인간의 가장 큰 행복은 자유라고들 한다. 자유가 행복이라면 자유로운 사람은 불행하지 않을 것이다. 다시 말하면 불행하고 괴로워 신음하는 사람이 있다면 그는 자유롭지 못한 사람이라고 해도 무방할 것이다. 그는 그 무엇에 또는 그 누구에게 예속되어 있기 때문이다.

또 자유가 행복이라면 자유로운 사람은 비열한 사람일 까닭이 없다. 그러므로 누가 다른 사람에게 아첨이나 추종한다면 그 또한 자유롭지 못한 사람임을 알 수 있다. 그는 식사나 직업이나 기타 여러 가지를 다른 사람에게서 얻는 노예이다. 그러한 사람들 중에서도 좋은 결과를 보지 못하는 자는 아첨과 추종도 서툴지만 좋은 결과를 보는 자일수록 아첨과 추종이 능한 자라고 할 수 있다.

자유로운 사람이란 남에게 방해당하지 않고 처리할 수 있는 것만을 처리하는 사람을 말한다. 그리고 남의 방해 없이 처리할 수 있는 것은 오직 자기뿐이다. 그 이외의 다른 것을 처리하려고 한다면 그 또한 자유로운 사람이 되지 못한다. 그는 다른 사람을 통치하려는 자기 욕망의 노예가 된 것이기 때문이다.

—에픽테토스

6월 12일

신께서 보내신 것이라는 확신을 얻을 수 있는 스승을 가질 수 있다면 우리는 기쁨으로써 그 스승을 따르리라. 우리는 사실상 그런 스승을 가지고 있다. 그의 말은 인생의 모든 불행한 경우에 필요하다.

—파스칼

마음먹은 일이 뜻대로 잘되는 것이 습관이 되면 안 된다. 소유하고 있는 물건은 곧 잃어버린다는 것을 알라. 행복한 자는 곧 고통받는다는 것을 알라.

6월 13일

어떤 율법 교사가 예수님께 질문했다.
"스승님, 율법 중에서 가장 중요한 계명은 무엇입니까?"
예수님께서 대답했다.

"네 마음을 다하고 네 목숨을 다하고 네 정신을 다하여 너의 하느님을 사랑해야 한다. 이것이 가장 크고 첫째가는 계명, 둘째도 이와 같다. '네 이웃을 그대 자신을 사랑하듯이 사랑해야 한다.'는 것이다. 온 율법과 예언서의 정신이 이 두 계명에 달려있다."

—〈마태오 복음서〉 22장 35~40절

신의 가르침을 알면서도 신께 대한 사랑을 모르는 사람은 바깥 열쇠도 없이 안쪽 열쇠만 갖고 있는 사람과도 같다.

—유대 경전

6월 14일

정성껏 신을 사랑하라. 그리고 신이 그대의 마음을 맞아들이실 때 그대는 신의 성스러운 이름을 축복하기 위하여 온 생명을 희생시키기를 주저하지 마라.

—유대 경전

6월 15일

노예가 얼마나 살고자 애쓰는가를 보라. 무엇보다도 먼저 그는 사슬에서 풀려나기를 원한다. 그는 그것 없이는 자유도 행복도 없다고 생각한다. 그는 말한다.

"만약 이 사슬에서 풀려나기만 하면 나는 곧 충분한 만족을 얻을 수 있을 것이다. 애써 주인의 비위를 맞출 필요도 없으며 힘들여 일할 필요도 없을 것이다. 주인과 나는 대등한 처지에서 이야기하며, 그의 승낙 없이 마음대로 가고 싶은 곳을 다닐 수도 있게 될 것이다."

그러나 그 사슬이 풀리면 노예는 곧 환심을 살 새 주인을 찾아다니지 않으면 안 된다. 옛 주인이 이제는 자기를 길러 주지 않으므로 다른 주인에게서 밥을 얻어먹기 위해서이다. 새 주인을 찾기 위하여 그는 온갖 비열한 짓을 예사로 하게 된다. 그리하여 그는 전보다 더 쓰라린 노예가 됨을 자각하기에 알맞은 잠자리와 식사를 겨우 얻는다.

만약 이런 인간에게 돈이 생기면 곧 음탕한 여자를 끌어들인다. 그리고는 다시 괴로움을 맛보고 눈물을 흘린다. 어떤 심한 곤란을 당하면 그는 이전의 노예 생활을 회상하고 그리워하며 탄식한다.

'그 집에 있을 때는 이다지 심하지는 않았다. 아무 걱정하지 않아도 밥과 옷을 주었고, 병이 나면 걱정도 해 주었다. 일도 편했다. 그런데 지금은 무슨 불행이란 말이냐! 이전에는 상전이라곤 한 사람밖에 없었는데 지금은 몇 사람의 상전을 모시고 있는가!'

이 노예는 깨달음을 얻지 못한 것이다.

만약 그가 모든 불행에서 참으로 자유롭게 되기를 바란다면 자성하는 바가 없어서는 안 된다. 무엇이 인간의 참된 행복인가를 깨달아야 한다. 자기 인생의 한 걸음 한 걸음을 마음속에 남게 할 수 있도록 참된 선의 법칙을 따라 걸어 나아갈 줄 알아야 한다. 그런 연후에 그는 비로소 참된 자유를 얻을 것이다.

―에픽테토스

6월 16일

정욕의 불꽃이 타는 대로 거기에 굴종하는 사람, 향락에 굶주린 사람, 육욕이 커지는 대로 내버려 두는 사람은 자기 자신을 쇠사슬로 결박하는 사람이다.

그러나 이 세상을 깊이 연구하며, 다른 사람이 행복하다고 생각하지 않는 곳에서 행복을 찾아내는 사람은 그 죽음의 쇠사슬을 끊는 사람이며 항상 그 것을 풀 줄 아는 사람이다.

―잠파다

6월 17일

그대에게 아침과 같이 환한 것만을 이야기하라. 그렇지 않으면 침묵하고 있으라.

―유대 경전

가장 현명한 교사는 누구보다도 적게 논쟁하는 사람이다.

—러스킨

6월 18일

만약 모든 사람에 대하여 그대가 의식적으로 선을 베풀지 않는다면 무의식적으로 많은 사람에 대하여 참혹한 행동을 하고 있다고 해도 좋을 것이다.

—러스킨

자선의 본질은 사랑이다. 사랑 속에 나타난다.

—유대 경전

6월 19일

사람은 이 세상에서 발생하는 모든 사물을 알고 이해할 수 없다. 그러므로 모든 사물에 대한 사람들의 판단은 신뢰할 수 없다고 할 수 있다.

인간의 무지에는 두 가지가 있다. 그 하나는 인간이 태어났을 때 그대로의 자연적인 무지이다. 그것은 깨끗한 것이다. 다른 하나는 진정한 지혜에 대한 무지를 말한다.

모든 학문을 습득하고 다른 사람들이 과거 및 현재에 알고 있는 모든 것을 알았을 때 우리는 그 모든 지식이 진정한 신의 세계를 알기 위해서는 얼마나 무력한 것인가를 우리는 이해할 것이다. 그리고 학문이 있다는 모든 사람들도 다른 무식한 사람들이나 다름없이 진정한 의미에 있어서는 아무것도 모른다는 것을 알게 될 것이다.

그러나 그 점을 깨닫지 못하고 항상 부지런히 무엇인가를 배우고, 여러 가지 학문의 표면만을 스치는 사람들이 있다. 이러한 사람들은 태어났을 때 그대로의 무지에서는 멀어질 수 있다. 그러나 학문을 함으로써 알게 되는 인간의 모든 지식의 불완전함과 쓸모없음을 이해하는 사람의 진정한 지혜에는 도달하지 못한다.

그들은 자기를 특별히 탁월한 인간으로 생각하며, 세상 일반 사람들을 업신여긴다. 그리고 항상 모든 사물에 대하여 자신을 가지며 성급한 판단을 내린다. 그러나 말할 것도 없이 그러한 행동은 모두 그릇된 것이다.

그러한 사람들은 먼지를 흩뿌려 다른 사람의 눈을 흐리게 하는 사람이나 다름없다. 그런데 사람들은 흔히 그 사람들을 존경하기 일쑤이다. 평범한 사람은 도리어 그와 같은 사람들을 아무짝에도 쓸모없는 사람이라고 경멸하는 법이다.

6월 20일

이웃 사람에 대하여 정의로운 행위를 하라. 비록 그를 사랑하지 않는다고 할지라도 그렇게 할 수 있을 것이다. 그렇게 함으로써 우리는 이웃 사람을 사랑해야 한다는 것을 배워야 한다. 그러나 만일 그를 사랑하지 않는다는 이유로써 그에 대하여 부정한 행위를 한다면 우선 그 증오심부터 버려야 한다.

—러스킨

6월 21일

이 세상의 모든 것이 성장하고 꽃을 피우고 그 뿌리로 돌아간다는 사실은 평화를 의미하고, 자연과의 조화를 의미한다. 자연과의 조화는 영원을 의미한다. 그러므로 육체의 소멸은 그 자체 속에는 아무런 위험도 품고 있지 않다.

—노자

거짓말쟁이, 무법자. 악한 사람은 죽음과 함께 자기의 생활도 전부 끊기고 만다고 생각한다. 아주 큰 착각이다. 이러한 사람이야말로 온갖 못된 일에 유혹되는 법이다.

—잠파다

6월 22일

연구하지 않는 사람들, 연구해도 성공하지 못하는 사람들이 있다 해도 절망하지 않도록 하라. 모르는 일, 의심스러운 일을 잘 아는 사람에게 물어보지 않는 사람, 물어보고서도 이해하지 못하는 사람들이 있더라도 절망하지 않도록 하라. 사색하지 않는 사람, 사색해도 선의 본원에 대해서 명확한 이해를 하지 못하는 사람들이 있더라도 절망하지 않도록 하게 하라. 선과 악의 구별을 하지 못하는 사람들, 구별을 해도 확실한 생각을 하지 못하는 사람들이 있더라도 절망하지 않도록 하라. 선을 행하지 않는 사람들, 선을 행하고 그것에 전력을 다할 수 없는 사람들이 있다 해도 절망하지 않도록 하라. 남이 한 번 해서 되는 일을 그 사람에게는 천 번을 시켜라. 한번 내뱉은 말을 정말 끈기 있게 지키는 사람은 설사 그가 교양이 없는 사람이라 하더라도 반드시 교양 있는 사람으로 될 것이다. 또 약한 사람이라 하더라도 반드시 굳센 사람이 될 것이다.

―중국 성언

6월 23일

증오에 대하여 선으로 보답하라. 그리고 일이 쉬울 때 노력을 다하라. 이 세상에서 가장 곤란한 일도 쉬운 데서부터 시작한다. 세상에서 가장 위대한 일도 작은 것에서부터 생겨난다.

―노자

6월 24일

남으로부터 모욕을 받을 때는 그 모욕 때문에 언제까지나 불쾌해서는 안 된다. 자신의 정신을 혼탁하게 하는 사물로부터 멀리 떨어지도록 하라.

악하고 비인도적인 인간에게도 불친절해서는 안 된다. 그대가 그러한 사람들에게 그대가 잔인하고 비인도적일 때 그대 자신 역시 그와 같은 인간이 되고 만다. 명심해야 한다. 그대를 험담하는 사람에게 보답하는 가장 좋은 방법은 그대가 그러한 사람을 본받지 않는 것이다.

―중국 성언

6월 25일

매일의 여명은 생활의 시작이라고 볼 수 있다. 매일의 석양은 생활의 종말이라 생각할 수 있다. 이 짧은 생애의 매일을 남을 위하여 바치는 사랑, 그리고 자기 자신을 향상하기 위해 하는 노력의 자취를 훗날에 남기도록 하라.

―러스킨

6월 26일

"나는 생각한다. 고로 나는 존재한다."

참으로 옳은 말이다. 인간은 현명하게 생각해야 한다. 총명하게 생각하는 사람은 무엇보다도 먼저 자신이 어떤 목적 때문에 살아야 하는가를 생각한다.

그리고 자기 정신에 대하여 또 신에 대하여 생각한다. 그러나 속세의 사람들은 과연 무엇을 생각하는가?

그저 자신에게 이로운 것만을 생각한다.

그들은 춤에 대하여, 음악에 대하여, 노래에 대하여, 또는 그와 비슷한 만족을 생각하며, 부자나 왕자를 부러워한다. 그러나 인간다움을 나타나는 것에 대해서는 조금도 생각하려고 하지 않는다.

―파스칼

6월 27일

나는 정신과 육체로 이루어져 있다. 육체에 있어서는 모든 것이 동일하다. 왜냐하면 육체는 물질이며, 물질적인 것은 모든 것을 구별하는 능력을 갖지 못하기 때문이다.

정신에 있어서도 정신으로부터 생겨나지 않는 모든 것은 동일하다. 왜냐하면 정신생활은 그 자체로 독립되어 있기 때문이다.

그러나 정신의 생활은 과거나 미래에 있어서는 아무런 의의도 갖지 않는다. 그 중요성은 전부 현재에 집중되어 있기 때문이다.

―마르쿠스 아우렐리우스

6월 28일

인간이 자기 자신 속에 깊이 침잠할수록, 그리고 자기 자신이 하찮은 존재라고 생각할수록 더욱 향상되어 신에게 가까워지는 법이다.

인간은 분수이다. 그 분자는 인간이 외부로부터 받은 가치에 비교할 수 있다. 그리고 그 분모는 자기 자신이 붙이는 평가이다. 분자를 크게 하는 것, 자신의 표면적인 가치를 크게 하는 것은 그 자신의 힘 밖에 속한다. 그러나 누구라도 그 분모를 적게 할 수는 있다. 즉 자기 자신에 대한 평가를 적게 할 수는 있다. 그리고 그것을 적게 함으로써 사람들은 완성에 가까워진다.

―톨스토이

6월 29일

이성은 인간을 인도하고 도덕은 인간을 육성한다. 그러므로 어떠한 사람도 이성에 감사하지 않으며 도덕을 존중하지 않는 사람은 없을 것이다.

무엇보다도 물과 같이 행동함이 필요하다. 방해물이 없으면 물은 흐른다. 둑이 있으면 물은 머문다. 둑을 치우면 물은 다시 흐른다. 물은 모난 것과 둥근 것의 그릇에 따른다. 네모난 그릇에도 담기고 둥근 그릇에도 담긴다. 이러한 성질이 있기 때문에 물은 다른 무엇보다도 필요하며 가장 강하다.

―노자

6월 30일

그대는 불멸의 진리를 찾고 있는가? 만약 그 목적을 달하고자 한다면 자기 자신의 사상을 가져라. 정념에서 해방시켜 주는 단 하나의 맑은 빛에 영혼의 눈을 돌리라.

촛불을 고요히 타게 하기 위해서는 바람이 없는 곳에 두어야 한다. 만약 촛불을 바람 속에 놓아둔다면 흔들릴 것이며, 어둡고 괴이한 그림자를 영혼의 맑은 표면에 던질 것이다.

연민은 인간 세계가 영원한 조화를 얻기 위한 법칙이며, 영원한 사랑을 위한 법칙이다.

―라마크리시나

chapter 7
7월의 이야기

이제 곧이라도 이 세상을 하직할 각오로 살라. 앞으로 남은 시간은 뜻하지 않은 선물이라는 생각으로 살라.

―마르쿠스 아우렐리우스

Story this month

~ • 7월의 이야기 • ~

천사

어느 때인가 천사 가브리엘은 천국에서 들려오는 하느님의 소리를 들었다. 그것은 마치 어느 사람에게 친절하게 대답하고 있는 소리 같았다. 천사가 말했다.

"정말 어딘가에 하느님의 소중한 하복(下僕)이 있는 것 같구나. 그 사람의 심정은 정념을 떨쳐 버리고 높은 곳으로 오르고 있는 게 아닐까?"

천사는 곧장 땅 위로 내려갔다. 그것은 그 사람을 찾기 위해서였다. 그렇지만 천국에서도 지상에서도 찾을 수 없었다. 이윽고 천사는 소리쳤다.

"하느님이시여! 당신께서 사랑하고 계신 그 사람에게로 가는 길을 교시해 주시옵소서."

"오른쪽으로 가면 나무가 있을 것이다. 나무 옆에는 탑이 있느니라. 그리고 그 탑 안쪽에는 불이 있을 것이니라."

천사는 이 말을 듣자 곧 탑이 있는 데로 걸음을 옮겼다. 거기에는 우상 앞에서 기도를 드리고 있는 한 사람이 있었다. 천사는 되돌아와서 말했다.

"하느님이시여! 당신께서는 탑 속에 있는 우상에 대해 기도 올리는 사람을 사랑하십니까?"
　하느님이 말했다.
　"나는 무지하기 때문에 범한 과오를 책망하는 자가 아니다. 그 사람은 어리석은 일을 하고 있기는 하지만 높은 자리를 차지하지 않으면 안 될 것이다."

—페르시아 교화

Daily stories

7월 1일

설명한다는 것은 헛된 시간 낭비가 되는 수가 많다. 사물을 똑똑히 보는 사람은 대수롭지 않은 암시로도 이해한다. 그러나 왜곡해서 보는 사람은 아무리 설명해도 이해하지 못한다.

―러스킨

7월 2일

선인은 악인의 스승이다. 악인은 그에게서 선인의 소질을 이끌어 내기 위한 재료라고 할 수 있다. 자신의 스승을 존경하지 않고,

이용해야 할 재료를 사랑하지 않는 사람은 아무리 영리하다고 하더라도 그릇된 사람임에 틀림없다.

―노자

남에게 선으로써 타이르더라도 자기 자신이 선을 행하지 않는다면 우리는 형제를 잃게 된다. 타이르는 말을 들으려 하지 않는 사람에게 타이르려 할 때 우리는 할 말을 잃게 된다. 성현은 그 형제도, 말도 잃지 않는다.

―중국 성언

7월 3일

몸의 등불은 눈이다. 그렇게 때문에 그대의 눈이 올바르면 온 몸은 밝을 것이다. 그러나 그대의 눈이 나쁘면 온 몸도 어두워진다. 만약 그대 내부의 빛이 어둡다면 그 어둠은 얼마나 깊을 것인가.

―〈마태오 복음서〉 6장 22~23절

빛이 사라졌을 때 그대 자신의 마음에서 검은 그림자가 그대의 가는 길 위에 떨어진다. 이 무서운 그림자를 조심하라. 그대의 마음 속에서 모든 이기적인 관념이 사라지지 않는 한 어떠한 지혜의 빛도 그대 마음에서 일어나는 어둠을 몰아낼 수 없을 것이다.

―라마크리시나

7월 4일

옳은 인간으로서 행할 유일한 길은 정의이며, 다른 사람에게 정의를 가르쳐야 한다.

옳은 인간이 자신의 힘과 생명, 행복을 희생한다는 것은 항상 슬퍼할 일이며, 특별한 필요에 의한다. 그러나 그것만으로써는 인생의 영원한 법칙을 행한다고 할 수 없다.

—러스킨

7월 5일

덕이 높은 사람은 자신의 덕이 높다고 생각하지 않는다. 그러므로 그는 덕이 있다. 덕이 없는 사람들은 항상 덕을 잊지 않는다. 그러므로 덕을 얻을 수 없다. 덕이 높은 사람은 자만을 갖는 일이 없으며, 자신을 크게 보이려고 하지도 않는다. 덕이 낮은 사람은 항상 자신만만하며 자신을 크게 보이고자 한다.

선량한 사람은 진실로 착한 행동을 하지만 그것을 나타내지 않는다. 선량한 정도가 낮은 사람은 자기 스스로가 확신을 가지며 그것을 남에게 선전하고자 애쓴다.

정의감이 강한 사람은 실천적인 행동을 하지만 남에게 자랑하려고 애쓰지 않는다. 정의감이 약한 사람은 조그만 일을 하더라도 그것을 자랑하고자 애쓴다.

예의바른 사람은 자기 행동을 선전하지 않는다. 그러나 그 정도가 낮은 사람은 자기 행동에 사람들이 응하지 않으면 억지로라도 자기의 법칙을 강제하려고 한다.

그리하여 높은 덕성이 상실되었을 때 선량함이 나타난다. 또한 정의가 약해졌을 때 예의가 나타난다. 예의의 법칙은 진리와 같다. 또한 모든 무질서의 시작이라고도 할 수 있다. 지식은 지혜의 꽃이자 무지의 시작이기도 하다. 그러므로 지혜는 꽃을 탐내지 않고 그 열매를 장만한다. 최초의 것은 내버리고 최후의 것을 갖는다.

―노자

7월 6일

모든 행위가 신의 뜻에 맞도록 굳은 결심을 하여야 한다. 그때 비로소 우리는 신의 아들이 될 것이다. 그리고 우리는 오직 신이 분부하신 바를 실천하기 위하여 이 세상으로 온 것이라고 생각해야 하며, 태도를 침착하게 하고 허식을 꾸미지 않도록 해야 한다. 할 일이 없을 때도 계속해서 할 일을 생각해야 한다.

―러스킨

7월 7일

내가 신에 대하여 그대들에게 이야기할 때 금이나 은으로 만든 그 어떤 물체에 대하여 이야기한다고 생각해서는 안 된다. 내가 그대들에게 이야기하는 신이란 그대들이 마음속으로 깨닫는 그것이다. 그대들은 자기 자신 속에 신을 지니고 있다.

그러나 그대들은 부정한 생각과 행위로 인해 자기 마음속 신의 모습을 더럽히고 있다. 그대들이 신이라고 받드는 그 황금으로 만든 우상 앞에서 그대들은 격에 맞지 않게 거룩하고 온화하게 하려고 애쓴다. 그러나 그대들 자신 속에 있으며 만물을 보고 듣는 신 앞에서 그대들은 부정한 생각에 사로잡히거나 부정한 행동을 하면서도 조금도 얼굴을 붉히지 않는다.

만약 우리가 신은 항상 우리 자신 속에 있다는 것을 이해한다면, 우리의 사상과 행위 일체에 대하여 입회인 노릇을 하는 신이 자기 자신 속에 있음을 이해한다면 우리는 결코 죄를 저지르지 못할 것이다.

그리하여 신은 더 이상 멀어지지 않고 우리 안에 영주할 것이다.

그리고 될 수 있는 대로 자주 신에 대하여 생각하고, 신에 대하여 이야기하도록 해야 할 것이다.

―에픽테토스

7월 8일

가난한 사람이 악한 사상을 품지 않는다는 것은 힘든 일일 수밖에 없다. 그러나 그와 반대로 물질적으로 넉넉한 사람들이 그 신분을 자랑하지 않는 것은 아주 쉽게 할 수 있다.

―중국 성언

어떤 종류의 부는 그 때문에 흘린 사람의 눈물이 스며 있어서 매우 무겁다. 그것은 마치 거두어들인 곡식이 소나기를 맞아서 무거워진 짐과 같다.

―러스킨

돌이 항아리 위에 떨어지면 슬픔은 항아리에게 있게 된다. 돌 위에 항아리가 떨어져도 슬픔은 항아리에게 있게 된다. 아무튼 슬픔은 항아리에게 있다.

―유대 경전

7월 9일

약한 인간은 다른 사람을 해치기 전에 자기 자신을 해치고 있다. 나는 이런 일에 대하여 자주 생각해본다.

―성 아우구스티누스

인간은 자연의 재앙을 피할 수는 있다. 그러나 자기 자신이 불러들인 불행으로부터는 구원받을 길이 없다.

―동양 성언

7월 10일

예컨대 어느 부인이 다이아몬드를 가졌다고 해서 착한 인간이 될 수 있다고 생각할 수 있는가? 사실은 정반대이다. 얼마나 많은 부인들이 다이아몬드를 가지고 싶은 욕심에서, 비굴하고 음탕하고 불행해지는가?

또 어떤 사나이가 황금이 가득 든 주머니를 가졌다고 해서 착한 인간이 된 예가 있었던가? 그보다도 그 주머니를 황금으로 가득 채우기 위하여 행한 악은 일일이 다 헤아릴 수 없을 만큼 많다.

—러스킨

7월 11일

성자는 자기 자신에게는 엄격하게 대하지만 다른 사람에게는 무엇 하나 요구하는 법이 없다. 성자는 스스로의 상태에 만족하는 법이다. 그리고 결코 자신의 운명으로 인해 하늘을 원망하거나 남을 비난하는 법이 없다. 그러므로 불행한 운명 속에 있을지라도 그 운명에 대하여 공순하다. 단순한 인간들은 지상의 영예를 좇기 때문에 악의 구렁텅이로 떨어진다. 사격할 때 과녁에 맞지 않았을 경우에는 사격한 자신이 나쁜 것이지 다른 사람이 나쁜 것이 아니다. 성자는 이처럼 스스로 행한다.

—공자

7월 12일

만일 진정으로 인생에 대한 자신의 견해를 바르다고 믿으며 다른 사람에게 착한 일을 베풀고자 한다면 반드시 그 인생관이 바른 것임을 이해할 수 있도록 상대방을 설복할 수 있을 것이다.

상대방이 그대와 그릇된 견해를 가지면 가질수록 그대가 설복하려는 견해에 대하여 그가 이해함이 더욱 중요해지며, 더욱 바람직해질 것이다.

그러나 우리는 흔히 그와 정반대의 행동을 하게 된다. 자신의 말에 전적으로 동감하고 반쯤 동의를 표시하는 사람들과는 뜻이 잘 통한다. 그러나 상대방이 우리가 인정하는 진실을 이해하려고 믿으려고도 하지 않을 때 우리는 그 진실을 역설하고, 그것이 바른 것임을 믿게 하려고 노력한다.

그러나 그래도 상대방이 동의하지 않고 매우 완고한 태도를 보이며 화제를 딴 쪽으로 돌리려고 함을 알게 되면 우리는 곧 냉정한 태도를 잃은 채 화를 낸다. 그리하여 그를 향해 불쾌한 말을 던지고 '이토록 이해성이 없고 완고한 놈은 더 말할 가치가 없다'라고 생각하고는 이야기를 집어치우고 만다.

우리가 누구와 같이 이야기함으로써 그 어떤 진실을 표시하려고 할 때 가장 중요한 것은 화를 내지 않는 것이다. 그리고 한마디라도 불쾌한 말이나 상대를 해치는 말을 해서는 안 된다.

—에픽테토스

7월 13일

노여움은 사랑으로써 정복하라. 악에는 선으로써 보답하라. 인색함에는 자비로써, 허위에는 진리로써 보답하라.

—잠파다

이제 곧이라도 이 세상을 하직할 각오로 살라. 앞으로 남은 시간은 뜻하지 않은 선물이라는 생각으로 살라.

—마르쿠스 아우렐리우스

7월 14일

어떤 사람이 칭찬을 받을 만하다고 여겨지면 그 사실을 인정하라. 그렇게 하지 않으면 그 사람이 가고 있는 길에서 벗어나게 하여, 그에게 필요한 지지와 시인을 빼앗을 뿐 아니라 자신의 올바른 특권까지 빼앗기고 타인에게 당연히 보수를 지불해야 할 의무를 이행하지 않게 될 것이다.

—러스킨

칭찬도 비난도 섣불리 베풀 때에는 많은 해독을 가져온다. 그러나 더 큰 해독은 부주의한 비난을 했을 때에 발생한다.

—러스킨

7월 15일

무지한 자의 정욕은 끊임없이 커 간다. 그것은 덩굴 모양으로 쉴 새 없이 뻗어 나간다.

그는 열매를 찾아서 이 나무에서 저 나무로 옮겨 다니는 원숭이처럼 생활에서 생활로 방황하며 헤맨다.

이러한 저급한 정욕에 사로잡힌 사람의, 이러한 독이 흘러넘치는 정욕에 사로잡힌 사람의 주위에는 얼기설기 휘어 감긴 덩굴처럼 괴로움의 덩굴이 휘감겨 있다. 이 지상에서 이처럼 억센 마력을 가진 정욕을 억제하고 이기는 사람에게는 마치 빗방울이 잎사귀에 맞아 굴러 떨어지듯이 모든 괴로움은 굴러 떨어지는 법이다.

—잠파다

7월 16일

세상 사람들의 평판이나 흥미가 어떤 데서 나오고 있는가를 안다면 우리는 세상의 칭찬이나 호평을 받으려고 하지는 않을 것이다.

—마르쿠스 아우렐리우스

예나 지금이나 사람들은 말이 없는 사람을 비웃는다. 그리고 또 잘 지껄이는 사람도 비웃는다. 또한 말이 적은 사람마저 비웃는다. 즉, 이 세상에는 한 번도 남의 험담을 듣지 않은 사람은 없다. 그러나 과거나 현재나 미래나 언제든 험담만 듣는 사람도 없다. 마치 언

제나 칭찬받는 사람이 없음과 같다.

―잠파다

7월 17일

고생하며, 무거운 짐을 진 너희는 모두 내게로 오라. 나는 마음이 온유하고 겸손하니 나의 멍에를 메고 내게 배워라. 그러면 너희가 인식을 얻을 것이다. 정녕 내 멍에는 편하고 내 짐은 가볍다.

―〈마태오 복음서〉 11장 28~30절

언짢은 사건 때문에 갑작스럽게 노여움이나 혼란을 느낄 때는 곧 자기 자신으로부터 떨어져 나와 자제력을 잃게 하는 그 감정에 몸을 맡기지 않도록 하는 것이 상책이다. 의지력에 의하여 정신의 평정 상태로 돌아가기를 거듭하면 할수록 그 상태를 유지하는 능력은 증가한다.

—마르쿠스 아우렐리우스

7월 18일

아무리 작은 선일지라도 선은 속히 실천하라. 그리고 아무리 작은 죄일지라도 죄는 피해야 한다. 왜냐하면 하나의 선행은 그 뒤에 반드시 다른 선행을 따르게 하지만 하나의 죄는 반드시 다른 죄를 낳기 때문이다.

선의 보답은 선, 죄의 보답은 죄이다.

—유대 경전

오른팔이 아프기 전에는 마음속에 선을 실천할 결심을 하지 못하는 사람, 삶으로 인도하는 것인지도 생각하지 않고 맹목적으로 선이라고 생각한 일에 덤벼드는 사람에게는 진실로 가치 있는 생활은 불가능하다.

—러스킨

7월 19일

남에게 친절하게 대하라. 그들에게서 감사를 받는다는 것만으로 만족하라. 자신에게 감사하도록 함으로써 이익을 얻으려는 마음으로 사람들과 교제한다면 그대는 그 거짓된 선행에 대하여 아무런 보답도 얻지 못할 것이다. 그러나 아무런 이득의 욕심 없이 사귄다면 그대는 감사와 이익을 얻을 것이다.

성서에서는 이렇게 말하고 있다.

"스스로의 마음을 인색하게 하는 자는 생명을 잃으리라. 그러나 신을 위하여 생명을 잃는 자는 그것을 얻으리라."

이 말씀은 모든 사람에게 진실하다.

―러스킨

7월 20일

진실된 생활은 결코 일시적인 것이 아니다. 쉽게 소멸되는 것도 아니다. 모든 고귀한 생활은 언제나 이 세상의 온갖 사물 속에 그 자취를 남긴다. 그렇기 때문에 인류 전체의 힘은 굳센 뿌리와 가지를 뻗어 차츰 성장하며 더욱더 높이 하늘로, 신에게로 가까워진다.

―러스킨

7월 21일

모든 이성을 갖지 않은 동물, 그리고 모든 물질적인 세계는 우리, 즉 이성을 가진 존재가 관리하는 대로 맡겨지고 있다. 물론 우리는

그것들을 이용할 수 있다. 이성을 가진 인간인 우리는 한순간도 그
것들과의 사이에 맺어진 정신적인 관계를 잊지 않고 그것을 이용
한다.

―마르쿠스 아우렐리우스

7월 22일

살생하는 자, 거짓말하는 자, 다른 사람의 선행을 가로채는 자, 다른 사람의 아내를 유혹하는 자, 주정하기 위하여 강한 술을 찾는 자들은 스스로 내세의 무덤을 파는 자들이다.

사람들이여, 자기 자신을 극복하지 못하는 자는 스스로 파멸의 구덩이를 파고 있는 것임을 알라. 눈앞의 이욕과 허영에 끌리어 다음 날 오랜 고생길을 걷지 않도록 조심하라. 거지는 많건 적건 주는 물건에 손을 내민다. 다른 사람의 호화로운 음식물에 정신이 팔리는 자는 밤이나 낮이나 마음이 평화로울 수 없다.

모든 선명을 뿌리째 뽑아 낼 수 있는 사람만이 밤이나 낮이나 마음이 평화로울 수 있다.

―잠파다

7월 23일

현재의 행복은 소수자의 행복이다. 그리고 참된 행복이란 결코 큰 것이 아니다. 그러나 참된 행복과 선은 오직 다른 사람을 위한

행복과 선 속에만 있다. 그러므로 인생 목적의 선택을 그르치지 않기 위해서는 그 목적이 모든 사람들의 행복과 조화된 선이라야 한다.

자신의 행위를 이와 같은 목적에 적합하도록 노력하며 목적의 성취를 지향하는 사람은 스스로 행복할 수 있다.

—마르쿠스 아우렐리우스

마음을 다하여 영원한 신을 섬겨라. 그대 마음의 일체를 신에게 보여 줘라. 그대의 내면세계에 평화를 끌어들이라. 즉 그대의 감정의 방향을 다만 의무의 감정에만 따르게 하라. 그렇게 함으로써 마음속에 영원한 평화가 깃들게 하라.

—유대 경전

7월 24일

내 편에 서지 않는 자는 나를 반대하는 자이며, 나와 함께 모아들이지 않는 자는 흩어 버리는 자이니라.

—〈루카 복음서〉 11장 23절

지력적(智力的)인 일로 해서 육체가 시달리는 것은 좋다. 그러나 육체의 즐거움으로 인해 지력이 시달리는 것은 좋지 못하다. 죽을 때에도 태어날 때와 마찬가지로 순결하고 죄 없는 사람들에게는 죄

고의 영예가 있다.

—유대 경전

7월 25일

이 세상 사람들 대부분이 매일같이 마음 분주한 일로 시간을 보낸다. 그들은 일이 끝나면 곧 즐거운 휴식을 취하리라고 생각한다. 그러나 휴식에 한정이 없음과 같이 이 세상의 긴장된 바쁜 일에 대한 정열에도 한정이 없음을 알지 못한다.

그들은 빨리 일을 끝마치고 나서 노동 뒤에 오는 기쁨을 만끽하며 천천히 휴식을 취하리라 생각한다. 그렇지만 실제에 있어서 그들이 얻을 수 있는 것이란 역시 흥분이나 불안, 고민밖에 없다.

누구나 분주한 일이 끝난 다음 조용히 휴식하기를 바란다는 것은 인간의 행복은 정적 속에 있으며 흥분이나 불안 속에 있지 않다는 사실을 말한다. 이것은 곧 이해할 수 있다. 그러나 이 세상의 모든 사람들의 생활은 다음과 같이 지나가고 만다. 그들은 즐거운 휴식을 얻기 위하여 전력을 다해 여러 가지 장애물을 극복한다. 이윽고 그 조용한 휴식이 오면 그것은 곧 견딜 수 없는 무료로 느껴진다. 그들의 마음 깊은 곳으로부터 오는 무료 때문에 그들은 생활이 타락되는 것 같은 느낌을 받는다.

—파스칼

7월 26일

사람들 사이에서 반드시 행해야 할 것은 오직 한 가지, 바로 명백한 진실이다.

—공자

진실은 어떠한 것일지라도 슬픔의 원인은 되지 않는다. 진실이 무엇보다도 좋은 증거는 그것이 우리의 영혼을 강하게 자극한다는 점에 있다. 진실은 우리를 기쁘게 하며, 우리에게 힘을 주며, 우리를 온순하게 한다.

—러스킨

항상 진실을 말함은 글씨를 잘 쓰는 것과도 같다. 그것은 기술적인 문제라고 할 수 있다. 그것은 의지의 문제라기보다 습관의 결과라고 할 수 있다. 그리고 이와 같은 습관을 붙이는 데 도움이 되는 모든 기회는 결코 무익한 것이 아니다.

—마르쿠스 아우렐리우스

7월 27일

무슨 공포나 불안으로 해서 고민하는 사람을 보면 나는 스스로에게 묻는다.

'이 불행한 사람에게는 대체 무엇이 필요한 것일까?'

그는 분명히 자신의 힘이 미치지 못하는 것, 자기 뜻대로 되지 않는 것을 소원하고 있는 것임에 틀림없다. 왜냐하면 나는 자신의 힘이 미치지 않는 것을 소원할 때에는 조금도 불안을 느끼지 않고 뜻대로 하기 때문이다.

예컨대 어떤 사람이 자신만을 위하여 악기를 켜거나 노래할 때, 한 사람의 청중도 없다는 사실에 조금 불안해하거나 공포나 의심으로 마음이 산란해지지는 않는다. 그러나 그가 많은 청중들 앞에서 악기를 켜고 노래하는 경우를 생각해 보라. 가슴은 두근거리고, 얼마나 괴로워 보이겠는가?

그것은 무엇 때문일까? 그는 잘 켜고 잘 부르려 하고 사람들에게 칭찬받고자 하기 때문이다. 그것은 확실히 자기 개인의 문제가 아니라 많은 청중에게 달려있는 문제이기 때문이다. 그래서 그는 자기 뜻대로 되지 않는 데 대하여 불안을 느끼고 헛되이 제 자신을 괴롭히는 셈이다.

그는 자신의 솜씨가 서툴러 잘 켜지 못하고, 잘 노래하지 못함을 걱정하는 것이 아니다. 그는 자신의 솜씨를 잘 알고 있다. 그는 자신이 하는 일에 대하여 불안을 느끼다.

자신이 갖지 못한 것을 탐내고, 자신이 피할 수 없는 것을 피하려고 할 때 그 사람의 마음은 산란해진다. 위장이나 간의 불편으로 인하여 병이 나듯 사람은 욕망의 불만으로 인해 병이 난다. 이와 같은 욕망의 불만으로 인해 병이 난 사람은 미래의 일에 대하여 불안을 느끼며 제 자신을 괴롭힌다.

그리고 또 다른 여러 가지 자신의 힘이 미치지 않는 일에 대한 불안이나 공포로 인해 제 자신을 스스로 괴롭히며 구속하고 있다.

―에픽테토스

7월 28일

의사가 어떤 환자에게는 이런 처방, 다른 환자에게는 다른 처방을 주듯이 신께서는 우리에게 열 가지 병과 고통, 그리고 슬픈 상실을 주신다. 의사의 처방이 환자의 건강을 회복시키려는 것처럼 신께서 인간에게 주시는 여러 가지 기회는 그 인간의 도덕상 건강을 회복시키고 인류 전반의 생활과 그 인간의 개인적인 생활의 격리를 다시 결합시키기 위함이다.

그러므로 환자가 의사에게서 받은 약을 먹는 것과 같이 우리는 신께서 주시는 자신의 몫을 받아야 한다. 좋은 약은 입에 쓰다고 한다. 그리고 환자에게는 무엇보다도 건강체가 필요함과 같이 대자연의 높은 지혜에 대해서는 온갖 실제 속에 자기의 의지를 포함시켜 두는 것이 필요하다.

그러므로 우리는 이 세상에서 만나는 모든 것을 기쁨으로써 맞이하지 않으면 안 된다. 아무리 그것이 쓴 것이라고 할지라도 그렇게 해야 한다. 왜냐하면 모든 기회 속에야말로 이 세계의 건강과 순수함을 위하여 소용되는 것이 포함되기 때문이다.

신의 지혜 속에 살아있는 자연은 자기 자신에게서 나오는 모든 것에 대하여 슬기롭게 작용한다. 과오를 범함이 없이 세계의 통일을 보전하기 위하여 작용한다.

7월 29일
"자기 자신을 알라."
이것은 기초적인 법칙이다. 그러나 자기 내부를 살펴본다고 해서 자신을 알 수 있는 것일까?
아니다. 그대 아닌 다른 사람이 그대를 바라볼 때 비로소 그대는 자기 자신을 알게 된다. 그대의 힘과 다른 사람의 힘을 비교해 보라. 자신의 이익은 제이의적(第二義的)인 것으로 생각하라. 다른 사람의 존엄 앞에 머리를 숙이도록 하라. 자기 자신 속에는 특별한 것이 없다고 생각하면서…….

—러스킨

세 사람이 걸어갈 때 나는 반드시 거기에 두 사람의 스승을 발견한다. 왜냐하면 좋은 사람을 보고는 그 사람의 좋은 점을 본받으려고 애쓰지만 나쁜 사람을 보면 그 사람의 나쁜 점을 보고 자신을 올바르게 하려고 애쓰기 때문이다.

—공자

7월 30일

진실은 모든 존재의 근원이며 종말이다. 진실이 존재하지 않는 곳에는 아무것도 존재하지 않는다. 그러므로 성자는 진리를 볼 때 재보를 보는 것과 같이 한다.

진실은 그 자체에 있어서 존재할 뿐만 아니라 모든 것을 만들어 낸다. 왜냐하면 진실은 사랑이며 성스러운 곳이기 때문이다. 또한 그것은 참된 도덕이며 외부 세계와 내부 세계를 결합시켜 주는 토대가 되기 때문이다.

가령 사람들이 진실에 주의를 기울이지 않는다고 하더라도 진실 그 자체는 그 의의를 상실하는 법이 없다.

―공자

7월 31일

그대가 행한 악 때문에 그대는 괴로워하고 있다. 자신이 죄로부터 도피함으로써 불행을 정화시킬 수 있다. 다른 아무도 그대를 구원해 줄 수 없다.

―잠파다

정신과 육체에 대하여 사람들은 여러 가지로 생각하며, 항상 그 모순을 슬퍼하고 있다. 그러나 그대 자신의 본질은 그대의 영혼 속에 있음을 생각하라. 이 인식을 깊이 하여 영혼을 육체보다 상위로 생각하고, 인생의 모든 외부적인 더러움에서 영혼을 지키며, 육체가 영혼을 압박하지 못하도록 하며, 자기 생활이 육체에 기울어지지 않도록 하며, 생활을 영혼과 합치하게끔 하라.

그때에 비로소 그대는 모든 진실을 행할 수 있으며, 또한 평화로이 신의 나라의 생활을, 자기 사명을 완수해 가면서 즐길 수 있게 될 것이다.

―마르쿠스 아우렐리우스

chapter 8
8월의 이야기

항상 알맞은 곳보다 낮은 곳을 택하라.

―유대 경전

Story this month

~ • 8월의 이야기 • ~

모파상에 관한 소고

장편 소설의 임무는 가령 외적인 임무라 할지라도 인간의 온갖 생활, 또는 온갖 인간의 생활을 묘사하는 데 있다고 할 것이다. 따라서 장편 소설을 쓰는 작가는 인생에 있어서 무엇이 선이며, 무엇이 악인가에 대하여 현명하고 확고한 신념을 갖지 않으면 안 된다.

그러나 모파상에게는 그러한 점이 없다. 오히려 반대로 모파상이 내세우는 말에 의한다면, 그러한 것이 있어서는 안 된다는 것이다. 그러나 만약 모파상이 세상에 수다한 천분(天分)이 없는 관능소설의 작가와 같은 소설가라고 한다면 탤런트(재능)를 갖지 못하기 때문에 아무런 거리낌도 없이 악한 것을 선한 것으로 묘사하고 그 소설이 작가와 같은 입장에 선 사람들이 읽을 때에 비로소 잘 꾸며진 재미있는 것으로 되는 것이다.

그러나 모파상은 탤런트를 가지고 있었다. 그는 사물의 본질을 간파했다. 따라서 특별히 그렇게 할 심산이 없었더라도 진상을 파헤쳐 보였다. 즉 좋게 생각했던 사물에서도 어느 틈엔가 나쁜 점을 발견하고 있었던 것이다.

그 결과 최초의 작품은 고사하고 어느 작품에 있어서도 모파상의 동정은 항상 동요했다. 악한 것이 선한 것으로 보이기도 하고, 악한 것은 악하고 선한 것은 선하다고 인정하면서도 항상 한쪽에서부터 다른 쪽으로 이동하고 있었다. 그러한 까닭에 그것은 모든 예술적 인상의 기초적인 발판을 깨뜨리게끔 한다.

  예술에 대해서 별로 민감하지 못한 독자들은 곧잘 예술 작품 속에 동일한 인물이 활동하고 있다는 점, 작품 전체가 하나의 줄거리 위에 구성되어 있다는 점, 한 인간의 생애가 묘사되어 있다는 것을 이유로 예술 작품은 하나의 전체를 이루는 것인 줄로 안다.

  그러나 이것은 옳지 못하다.

  어떤 예술 작품이라도 하나의 전체로서 완성되며 거기에서 인생을 반영하는 환상을 낳게 하는 모멘트는 인물이나 사건의 통일이 아니라, 대상에 대한 작가의 독자적이고 도덕적인 태도의 통일에 있다.

  사실 우리가 새로운 작가의 예술 작품을 읽는다든가 바라본다든가 할 경우, 우리의 마음속에 부각되는 근본적인 문제는 언제나 이러하다.

  "그러면 대체 당신은 어떤 사람인가? 내가 알고 있는 모든 사람과 무엇이 다른가? 우리의 생활을 이렇게 보지 않으면 안 되는가? 이런 것 등에 관해서는 어떤 새로운 이야기를 들려줄 수 있겠는가?"

Daily stories

8월 1일

지식을 닦는 사람은 매일같이 세상을 눈 아래 두고 교만해진다. 참된 지혜를 찾는 사람은 매일같이 겸손해진다. 그는 점점 겸손해지고, 마침내는 비길 데 없는 겸손에 도달한다. 그가 모든 것에 겸손하게 되었을 때 이루어지지 않는 일이라곤 없게 된다.

―노자

8월 2일

진실된 말은 유쾌한 것이 아니다. 유쾌한 말은 진실된 것이 아니다. 착한 사람은 싸움을 좋아하지 않는다. 싸움을 좋아하는 사람은 착한 사람이 아니다. 현자는 박식함을 자랑하지 않는다. 박식함을 자랑하는 사람은 현자가 아니다.

성자는 무엇이건 자기 수중에 긁어모으려 하지 않는다. 그러나 다른 사람을 위하여 베푸는 것이 많을수록 자기도 무엇인가에 대하여 얻음이 많음을 알고 있다.

진실된 지혜는 덕을 행하는 것이지 악을 행하는 것은 아니다. 성자의 지혜는 그것을 행하게끔 한다. 그러나 남과 싸우게 하지 않는다.

8월 3일

어떤 덕 높은 천자(天子)의 목욕탕에 몇 마디의 말이 새겨져 있었다. 그것은 이렇다.

'나날이 그대 자신의 모든 것을 새로이 하라. 날마다 몇 번이고 새로이 하라.'

—중국 성언

성자의 덕성은 먼 곳으로 여행하는 것, 혹은 높은 산을 오르는 것을 연상한다. 먼 곳으로 여행하는 것도 첫 단계부터 시작된다. 높은 산을 오르는 것 역시 산기슭에서부터 시작된다.

—공자

8월 4일

흔히 세속적인 행복을 찾다가 결국 얻은 것 없이 기진맥진한 두 팔을 그리스도 앞에 내놓을 때 사람은 얼마나 큰 행복을 느끼는가!

—파스칼

8월 5일

인간의 육체를 이해하기 위한 지식조차도 우리에게는 부족하다. 그것을 위해 어떤 일을 알아야 하는가를 생각해 보라. 육체에는 공간, 시간, 운동성, 온기, 빛, 음식, 물, 공기 그 밖에도 여러 가지가 있어야 한다. 자연계에서는 하나를 연구하지 않고는 다른 것을 알 수 없을 만큼 만물은 서로 밀접해 있다. 전체를 모르고는 부분을 알 수 없다. 우리의 육체에 필요한 모든 것을 알았을 때, 비로소 우리는 우리의 육체를 이해할 수 있는 것이다. 그러나 그러기 위해서는 반드시 우주 전체를 알지 않으면 안 된다. 하지만 우주는 무한하며 무궁하여 이것을 안다는 것은 인간으로서는 불가능하다. 그러므로 우리는 우리의 육체에 대해서도 명확하게 밝혀낼 수 없는 것이다.

—파스칼

8월 6일

어떤 사람이 옥에 갇혀 있다. 그 사람은 자기에게 어떤 형벌이 내릴지 모르고 있다. 그러나 한 시간 뒤면 그가 알게 된다. 그런데 그때, 그가 사형선고를 받았다는 것을 우연히 알게 되었다면 그 한 시간은 그 판결을 지각시키기 위해 매우 가치 있는 것일 것이다. 그 사람이 그 한 시간을 판결을 변경시키려는 데 쓰지 않고, 트럼프 놀이를 위해 소비한다는 일은 있을 수 있는 것인가. 그것은 물론 상상할 수도 없다. 그러나 많은 사람들은 신에 대해, 영원에 대해 생각함이 없이, 그와 마찬가지로 긴요한 한 시간을 소비해 버리고 있는 것이다.

―파스칼

8월 7일

항상 알맞은 곳보다 낮은 곳을 택하라.

사람들에게 항상 좀 더 내려가라는 말을 듣기보다 좀 더 올라가라는 말을 듣도록 해야 한다. 자기 자신을 높이는 자를 신은 낮은 곳으로 내리신다. 자신이 내려오는 자를 신은 올려 주신다.

―유대 경전

8월 8일

합리적인 소비는 합리적인 생산보다 훨씬 곤란하다. 스무 명의 인간이 애써서 생산한 물건을 한 사람이 쉽게 소비할 수 있다. 그래서 이 세계에서 가장 중요한 문제, 즉 개인이나 국민 전체에게는 어떻게 생산하느냐는 것보다는 그 생산물을 어떻게 소비하느냐 하는 데 있다.

사람들 거의 모두가 아무리 실천해도 현대의 거대한 산업 조직과 생산 교역의 방법을 변혁하거나 통일할 수 없다고 생각한다. 자신들의 힘은 아무런 영향도 갖지 못하는 줄로 믿고 있다.

그러나 똑똑한 체하며 지껄이는 이야기들이 이 사람 귀에서 저 사람 귀로 옮아갈 뿐 아무런 영향도 남김도 없이 사라짐을 볼 때 나는 다음과 같은 희망을 억제할 수 없다. 그것은 자신의 생명의 나머지 시간을 헛공론에 소비함이 없이 좋은 생각을 하면서 보내고 싶다는 희망이다.

—러스킨

8월 9일

태어날 때부터 장님인 사람을 몹시 무서워하는 사람들이 있다. 그들은 죽음이라는 것, 불행이라는 것을 몹시 무서워한다. 무서워하는 나머지 그러한 일에 대해서는 될 수 있으면 생각하지 않으려고 한다.

그들은 항상 여러 가지 향락과 만족을 좇고, 그럼으로써 불안을 쫓고, 행복을 얻으려고 한다. 그러나 그런 수단에 의해서는 결코 참다운 만족을 얻을 수 없을 것이다. 왜냐하면 자기 혼자의 만족을 찾는 사람에게는 아무리 해도 만족이란 있을 수 없기 때문이다. 바라던 것을 얻는다고 하더라도 그는 만족하지 못할 것이다. 곧 다시 만족되지 않는 새로운 욕망을 품기 때문이다.

사람들은 보통 제왕의 생활을 가장 훌륭한 생활인 줄 안다. 그러나 제왕이 여러 가지 소일거리에 싫증내고, 자기 자신은 어떠한 존재인가를 생각한다면 자신이 얼마나 불행한 몸인지를 깨달을 것이다. 제왕에게도 신하의 불충성·무질서·병환·죽음 등의 위험이 언제나 있기 때문이다. 그러므로 그 여러 가지 소일거리만 없다면 제왕도 카드놀이에 흥겨워하는 가장 신분이 낮은 신하보다도 불행하다고 할 것이다.

―파스칼

8월 10일

하늘의 지혜는 활을 쏘는 사람과 같이 베풀어진다. 활을 쏘는 사람은 높으면 내리고 낮으면 올린다. 마찬가지로 하늘의 지혜는 많이 가진 사람에게는 덜고, 필요한 사람에게는 베풀어 준다.

―공자

8월 11일

현자는 대자연 속에 있는 만물 중 자기보다 높은 곳에 있는 것에 대하여 이렇다 저렇다 말하기를 꺼린다. 자기보다 낮은 곳에 있는 것에 대해서도 마찬가지이다.

인간이 자기보다 높은 것을 이해한다고 함은 너무나 건방진 수작이다. 또한 자기보다 낮은 것에만 주의를 기울인다고 함은 너무나 지나친 겸손이다. 높은 것과 낮은 것 사이에 영원한 관계를 이해한다는 것, 대자연 속에서 자신 지위를 이해한다는 것, 낮은 사람에게는 사랑과 자비심으로써 대하며, 동물적 정욕을 모방하거나 하지 않을 것, 이러한 행위야말로 신과의 관계에 있어서 겸허이며, 신의 창조물과의 관계에 있어서 선이며, 자기 자신과의 관계에 있어서는 현명한 것임을 의미한다.

—러스킨

8월 12일

인간이 노동함에 있어서 확실하게 정해진 한 가지 조건은 씨를 뿌릴 때와 추수할 때, 그 사이에는 충분한 시간이 있다는 것이다. 그리고 우리의 일하는 목적이 멀수록, 우리가 자기 자신이 일한 결과가 보고 싶다고 생각함이 적을수록 그 일의 성공의 척도도 크고 넓다고 생각하지 않으면 안 된다.

악인도 자기 자신이 범한 악의 결과가 나타나지 않는 동안은 행복할 수 있다. 사람들이여, 어떤 악일지라도 자신과 관계없는 것이라고는 생각하지 말라. 한 방울 한 방울의 물이 물통을 가득히 채우는 법이다. 이 조그마한 어리석음은 차츰 쌓이는 동안에 악으로 가득 차 버린다. 악은 그 악을 범한 자에게 바람에 날리는 먼지와 같이 되돌아가는 법이다.

—잠파다

8월 13일

다른 사람을 불행에 빠뜨리면서까지 자기 자신의 행복을 찾지 마라.

비록 자신에게 나쁜 일일지라도 다른 사람에게 수치스러운 일이며, 감추려 하는 사람이 가장 진보된 사람이다.
이미 회개한 사람에게 그의 과거를 상기하는 말을 끄집어내어서는 안 된다.

—유대 경전

8월 14일

너희의 원수를 사랑하고, 너희를 박해하는 자를 위하여 기도하라.

—〈마태오 복음서〉 5장 44절

자기에게 못된 짓을 한 사람들마저 사랑할 수 있다는 점에 인간의 가장 아름다운 성질이 있다. 이 같은 사랑은 이 세상 사람들이 모두가 형제라는 것, 그들은 자기의 의사에 반해 무의식적으로 못된 짓을 하게 된다는 것, 남을 해치는 사람이나 해를 입은 사람이나 다

같은 최후(죽음)에 이르게 된다는 것을 이해할 때에 비로소 생겨난다. 그러나 가장 중요한 것은 사람은 다른 사람에 의하여 결코 해쳐질 수 없다는 것, 왜냐하면 사람은 오직 자기 자신에 의해서만 영혼을 해칠 수 있는 것이기 때문이다.

―마르쿠스 아우렐리우스

8월 15일

"비 올 때는 여기서 지내자."

"여름은 여기서 지내고 싶구나."

어리석은 사람들은 항상 이렇게 공상한다. 그러나 그들은 죽음이란 것에 대해서는 생각하지 않는다.

죽음은 별안간에 닥쳐온다. 홍수가 잠자던 나무를 씻어 내려가듯이 걱정과 탐욕과 방심으로 날을 보내던 사람들을 이끌어 가는 것이다. 죽음이 우리를 엄습해 오면 자식도, 양친도, 친척도, 이웃도 우리를 구원할 수 없다. 그러나 죽음이란 것의 의미를 똑똑히 아는 현명하고 덕이 있는 사람은 죽음이 찾아오면, 곧 자신을 안식으로 인도할 길을 깨끗이 닦는다.

―잠파다

8월 16일

그대는 왜 변화를 두려워하느냐? 이 세상은 변화 없이 이루어지

지 않는다. 변화는 자연의 가장 중
요한 본질이다.

　장작의 형태를 바꾸지 않고
서는 물을 끓일 수 없다. 식물
은 변화하지 않고서는 영양물
이 될 수 없다. 이 세상의 모든
생명은 변화 이외의 아무것도
아니다. 그대를 기다리는 변화
역시 자연 자체로서의 필연이라
는 의미밖에 갖지 않는다는 것을 기억하라.
인간의 자연성을 배반하지 않고, 자연이 가르치는 때에 그 모든 것
들 속으로 들어가도록 하지 않으면 안 된다.

—마르쿠스 아우렐리우스

8월 17일

　모든 진실된 학문은 사랑에서 시작된다. 자기가 아는 사람들을 이러니저러니 비평하는 데서 시작되는 것이 아니다. 그리고 모든 진실된 학문은 사랑으로 끝난다. 신에 대한 분석에 의해 끝나는 것이 아니다.

—러스킨

8월 18일

천재와 보통 사람의 차이는 다음과 같은 점에 있다는 말을 흔히 듣는데, 이것은 매우 옳은 말이다. 천재란 대개의 경우 한없는 경이로움으로 눈을 크게 뜨고, 이 세계를 바라보는 눈이 어린아이와 같다는 것이다. 그리고 그때에 그가 의식하는 것은 자신의 위대한 가치가 아니라 무한한 무지와 동시에 자신의 약한 힘이다.

―러스킨

8월 19일

사람들이여, 다음과 같은 악마의 속삭임에 귀를 기울여서는 안 된다.

"나는 돌로써 만들어진 것일까? 내 육체는 구리로 만들어진 것일까? 나는 이렇게 무거운 짐을 지고 있다. 그것은 곧 사람의 길을 행하라는 것이다. 내 생활의 밤낮을 모조리 바치더라도 그것을 완전히 수행할 수는 없지 않은가?"

이것은 사람의 길을 행함이 매우 곤란한 일인 듯이 생각하게 하는, 악마의 무서운 속삭임인 줄 알라. 이 속삭임 때문에 사람은 모든 진실된 길에서 빗나가고, 함정 속에 떨어짐을 알라. 그리고 사람이 행하는 길이란, 그저 다른 사람에 대하여 '하지 마라'는 것으로써 성립되어 있음을 알라. 그리고 그 밖의 대부분은 신에 관하여, 신에 대한 끊임없는 사랑에 관하여, 그리고 이웃 사람을 사랑하는 데 관하여, 도둑질을 하지 말라는데 관한 여러 가지 가르침으로써 성립된다.

이리하여 사람의 길을 행함은 매우 용이하다. 왜냐하면 그 대부분은 소극적인 것, 즉 다만 행위에 대한 억제로써만 성립되기 때문이다. 오직 그 얼마 안 되는 부분만이 적극적인 것으로써 성립되어 있다. 그리고 그 적극적인 부분은 우연적이고 일정한 시기적인 것에 불과하다.

예컨대 자선을 베풀거나 시달림을 받는 자를 보호하는 일상적인 행위가 아니라, 가끔씩 필요해지는 행동에 불과하다.

―유대 경전

8월 20일

그대의 모든 능력과 지식은 다른 사람을 돕는 수단이라고 생각하라. 강한 자, 현명한 자에게 그 각각의 능력이 주어졌음은 약한 자를 압박하기 위해서가 아니라 약한 자를 이끌어 도와주기 위해서이다.

―러스킨

8월 21일

"너희의 이웃을 사랑하고, 너희의 원수를 증오하라."
이 말을 너희는 들었으리라.
그러나 나는 너희에게 고하나니, 너희의 원수를 사랑하고 너희를

핍박하는 자를 위하여 기도하라.

—〈마태오 복음서〉 5장 43~44절

영웅이란 어떠한 사람을 말하는가? 자기의 원수를 벗으로 삼을 수 있는 사람을 말한다.

—유대 경전

8월 22일

추상적인 진실이 불충분한 것과 같이 추상적인 정의나 진리도 불충분하다. 그러나 참으로 올바른 사람은 정의에 대한 구체적인 행위 및 정의를 찾는 희망에 의하여 옳지 못한 사람과 구별할 수 있다. 이와 마찬가지로 참다운 진실을 가진 사람도 그가 가진 진실에 대한 갈망과 진실에 대한 신념에 의하여 진실하지 못한 삶과 구별할 수 있다.

정직한 사람이 부지중에 범하는 과오는 결코 해독을 끼치지 않는다. 왜냐하면 그 과오의 방향은 언제나 올바른 방향을 향한 것이기 때문이다. 도중에 앞으로 엎어지거나 뒤의 구덩이에 빠지지 않기 때문이다. 그러므로 그 과오는 항상 뒤에서 오는 사람에 의하여 바로잡을 수 있다.

—러스킨

현자가 범하는 과오는 월식 또는 일식과 같다. 과오를 범한다는 것은 누구나 알며, 곧 바로잡는다는 것도 알 수 있다.

―중국 성언

8월 23일

조잡하기는 하지만 그런 대로 만족하는 무지가 낳은 인간은, 불완전하기는 하지만 미워할 수 없다. 그러나 교활하고, 자기 자신에게 만족하지 않는 무지, 즉 자신에게 이해력이 없음을 탓하지 않고, 자신으로서는 참으로 이해할 수 없는 취미를 모방하려는 무지가 낳은 인간은 무엇보다도 민망하고 비겁하고 사악한 인간이다.

―러스킨

8월 24일

길거리에 호두와 과자를 뿌려 놓는다면 그것을 주우려고 아이들이 덤벼들어 서로 싸울 것이다. 어른들은 그런 것을 가지고는 싸움을 시작하지 않는다. 그러나 빈 껍질이라면 아이들도 덤벼들지 않을 것이다.

내게 있어서 금전, 지위, 명성, 영예는 모두 아이들이 좋아하는 호두나 과자에 불과하다. 아이들에게는 그것을 서로 줍고 쫓고 싸우게 하라. 그리고 돈 많은 자나 장관이나 중역의 비위나 맞추게 하라.

나한테는 그런 것이 모두 호두 껍데기 같다.

물론 내 손바닥에 우연하게 호두 같은 것이 떨어져도 그것을 먹지 않는다는 것은 아니다. 그러나 그것을 줍기 위하여 허리를 굽히거나 남들과 싸우거나 발로 차지 않는다는 말이다.

그것은 참으로 싱거운 일이다.

―에픽테토스

8월 25일

현인은 끊임없이 그 지혜와 투철함을 향상시킨다. 그러나 어리석은 자는 끊임없이 무지와 나쁜 버릇 속으로 떨어진다.

―중국 성언

8월 26일

이 세상에서 가장 약한 자는 결국은 강한 자에게 이긴다. 겸손의 덕과 침묵의 이익은 그처럼 큰 것이다. 이 세상에서는 극히 적은 사람만이 참다운 겸손을 알고 있다.

인간의 몸은 살아있는 동안은 부드럽고 연약하다. 그러나 죽으면 곧 굳어지고 뼈만 남게 되고 만다. 그러므로 굳는다는 것은 죽음을 의미하며, 부드럽다는 것은 생을 의미한다. 그러므로 힘센 자는 승리를 얻을 수 없다. 수목이 굳을 때는 죽음이 다가올 때이다. 굳세고 큰 것은 언제나 하위에 선다.

부드러운 것은 언제나 그 상위에 선다.

—노자

8월 27일

사람된 의리를 다했을 때의 보답은 역시 사람의 의리로써 갚아진다. 즉 누군가 하나의 인도적인 행위를 한다면 신은 그에게 다시 그 다음 것을 행할 힘을 주시기 때문이다. 이것은 결코 작은 보답은 아니다. 왜냐하면 그것은 무한한 향상의 길로 통하는 것이기 때문이다.

—유대 경전

그 어떤 선행도 고립되는 법이 없다. 반드시 그 이웃이 있는 법이다.

—중국 성언

8월 28일

바구니 속에 빵을 장만해 두고서도 내일은 무엇을 먹을까 하고 걱정하는 자는 신앙이 얕은 자이다.

—유대 경전

8월 29일

사람들은 만족을 찾아 이리저리 방황한다. 그것은 오직 자기 생활에 공허함을 느끼는 까닭에 지나지 않는다. 그러나 그들은 함부로 자기들을 끌고 다니는 새로운 정욕의 공허함은 느끼지 못한다.

—파스칼

8월 30일

신을 두려워하는 인간은 어떠한 인간도 두려워하지 않는다. 신을 두려워하지 않는 인간은 모든 인간을 두려워한다. 세상 사람들의 말에 귀를 기울임은 체로 물을 긷는 것과 다름없이 아무 소용이 없다.

—유대 경전

8월 31일

박식하다는 것만으로 만사를 해결할 수 있다고 생각하는 사람은 스스로 불 속에 뛰어드는 나방도 같다. 제 자신을 죽이고 등불마저 꺼 버린다. 무지를 두려워하기보다 허위의 지식을 두려워하라. 이 세상의 모든 죄악은 허위의 지식에서 발생한다.

chapter 9
9월의 이야기

사랑과 이성은 그것에 의하여 신을 탐구할 수 있는 두 가지 요소이다.

—톨스토이

Story this month

~・9월의 이야기・~

독수리

우리는 감옥 속에서 얼마간 초원의 독수리를 길렀다. 매우 조그마한 독수리였다. 어느 죄수가 상처를 입어 거의 죽어가는 것을 갖고 온 것이다. 모두가 그 주변에 모여 앉았다.

그 독수리는 오른쪽 날개에 몹시 큰 상처를 입어 날지 못했다. 그리고 한쪽 다리에도 심한 상처를 입었다. 독수리는 내려다보는 우리를 성난 듯이 노려보았다. 그리고 뾰족한 부리를 벌렸다. 그야말로 버릴 생명이라면 값있게 버리겠다는 것처럼…….

죄수들은 오랫동안 독수리를 구경하고 나서 제각기 흩어졌고, 독수리는 한 발로 팔딱팔딱 뛰면서 저쪽으로 갔다. 그리고는 구석진 곳을 찾아 숨었다.

우리는 독수리를 석 달 동안이나 안뜰에서 길렀지만 그 새는 한 번도 그 구석에서 나오지 않았다. 우리는 자주 독수리를 보러 갔다. 어떤 때에는 개를 데리고 가서 못살게 굴기도 했다. 개는 화를 내면서 덤벼들기도 했지만 무서워서 가까이 가지 못했다. 이러한 일들을 죄수들은 흥겹게 생각하기도 했다.

"겁쟁이 같으니라고, 그게 무서워?"

그러자 개는 이윽고 독수리에게 덤벼들었다. 개는 독수리의 상처 입은 날개를 물었다. 그 순간 독수리는 주둥이와 발톱으로 막았다. 그리고는 주위에 모여든 죄수들을 노려보면서 무서운 몸짓으로 차츰 구석으로 찾아 들어갔다.

죄수들은 얼마 가지 않아 이러한 장난에도 싫증난 것 같았다.

이러한 가운데서도 그 누군가 날마다 한 조각의 고기와 물을 넣은 그릇을 독수리 옆에 갖다 놓는 사람이 있었다. 처음 며칠 동안 독수리는 아무것도 먹지 않았으나 마침내는 먹기로 결심한 듯했다.

그러나 독수리는 사람 손바닥에 있는 것을 직접 먹거나 사람이 보는 데서 먹으려고 하지 않았다. 나는 좀 떨어진 곳에서 독수리가 먹고 있는 것을 엿볼 수 있었다.

독수리는 아무도 옆에 없을 경우에는 거리낌 없이 열 두서너 발자국 벽을 따라 절뚝거리며 왔다 갔다 하곤 했다.

내가 독수리를 쓰다듬어 주려고 하면 몸부림치기만 했다. 독수리는 쓸쓸히 원한을 품고 죽음을 기다리고 있는 것만 같았다. 두 달 동안이나 잊고 있었던 죄수들은 독수리를 다시금 생각해 냈다.

그들은 독수리를 해방시켜 주기로 마음을 모았다.

"죽게 놓아 주자. 그리고 자유롭게 죽게끔 해 주어야지."

죄수들은 저마다 말했다.

"그렇고말고. 이렇게 자유를 갈망하는 새는 감옥에서 살 수 없는 거지."

"이놈은 우리와는 달라."
"물론 이놈은 새고, 우리는 인간이야."
"독수리는 숲 속의 왕이거든."
스크라도프가 말했다.
어느 날 오후 작업 시간을 알리는 북소리가 울렸을 때, 죄수들은 독수리를 잡아 그 주둥이를 묶었다. 그리고는 감옥에서 끌고 나왔다.
"참 어리석은 놈이군. 나는 너를 친절히 대해 주는데 너는 내 손을 물어뜯어?"
독수리를 들고 있던 사나이가 이 심술궂은 새를 밉살스러운 듯이 보면서 말했다.
"날려 보내! 미키토카!"
"그놈은 징역군으로는 어울리지 않는걸. 자유롭게 해줘. 자유의 몸으로 말이야."
죄수들은 독수리를 벽에서부터 초원 쪽으로 날려 보냈다.
때는 늦은 가을, 잿빛의 추운 날씨였다.
바람은 발가숭이 초원 위를 매섭게 휘몰아치곤 했다. 독수리는 상처 입은 날개를 훨훨 치면서 날아가 버렸다. 우리 곁을 멀리 떠나 제 몸을 감추려는 듯이…….
"보이나?"
한 사람이 무슨 생각에 잠긴 듯한 표정으로 말했다.
"저놈, 돌아다보지도 않는데?"

다른 사나이의 말.
"너는 저놈이 인사라도 하러 올 줄 알았어?"
세 번째 사나이의 말.
"정말 저놈은 이제 자유롭구나."
"그래 자유지!"
"우리는 앞으로 저놈과 만날 수 없겠지? 그렇지 않아?"
"뭘 떠들고 있는 거야. 빨리 나가지 못해!"
감시병의 고함 소리.
그들은 느린 걸음으로 그들의 일자리로 발을 옮겨 갔다.

—도스토예프스키

Daily stories

9월 1일

어떤 사람들이 말했다.

"자기 자신 속으로 들어가라. 평안은 거기 있을 것이다."

그러나 이것은 아직 완전한 진리라고 할 수 없다.

다른 사람들은 그와 반대되는 말을 했다.

"자기 자신으로부터 벗어나라. 자기 자신을 잊어버리고, 여러 가지 소일거리 속에서 행복을 발견하라."

이 역시 옳은 말이 아니다. 예컨대 이러한 방법을 가지고서는 병을 고칠 수 없음을 보더라도 알 수 있다. 평안과 행복은 우리의 안에도 밖에도 없다. 그것은 오직 신 속에만 있다. 그리고 신은 우리의 안에도 있다.

―파스칼

9월 2일

　인간의 마음은 항상 네 가지 유혹에 직면하고 있다. 우리는 항상 그 유혹과 싸우지 않으면 안 된다. 이성으로 하여금 이제 곧 그 유혹과의 싸움에 참가하도록 하라.

　그 네 가지 유혹이란, 첫째로 공상이다. '지금 내가 생각하는 것은 부질없는 일이다.'라고 내 자신을 타이름으로써 그 공상을 억제하도록 하라. 둘째는 자만심으로, 이것은 모든 사람들의 행복에 배반되는 것이라고 타이르며 억제하라. 셋째는 허위이다. 이것은 내가 말하려는 것이 진실에 배반되고, 그것은 양심에 배반되는 일이라고 타이름으로써 억제하라. 끝으로 색욕이다. 나는 지금 맹목적인 정열의 육욕 때문에 이성을 잃고, 또는 신에 속하는 자아의 본성을 구할 수 없는 해독에 빠뜨리고 있다. 이렇게 생각함으로써 그것을 억제하라.

―마르쿠스 아우렐리우스

9월 3일

　사람은 자기가 행복하면 그 행복을 차츰 더 크게 느끼며 나중에는 남에게도 나누어주고 싶어지는 법이다.

—벤담

신의 뜻은 우리 인간이 서로 행복하게 살아가라는 데 있다. 우리의 불행을 그리고 우리가 죽음 속에 있기를 신은 원하지 않는다. 사람은 서로 스스로의 즐거움으로 도울 뿐 슬픔으로 돕는 것은 아니다.

—러스킨

9월 4일

우리는 실제로 행해지는 것보다 더 악한 일을 생각하고 있다. 동시에 생각은 실제로 행하는 것보다 훨씬 착한 일을 생각하는 법이다.

눈에 보이지 않는 사상은 멀리서 다가온다. 그리고 조용히 남모르게 다가온다. 사상이란 깊숙이 감추어져 있다. 사상을 자제하는 사람은 그 사상의 유혹에서 충분히 벗어날 수 있다.

—잠파다

9월 5일

원주 위를 더듬으면 무궁하듯이 진리 또한 무궁하다. 진리에는 어떤 형태를 입힐 수 있다. 어떤 형태를 입혔을 때 진리는 나타난다. 나타난 진리는 모든 사람들이 눈으로 볼 수 있다. 모든 사람들이 눈에 볼 수 있는 진리는 움직인다. 움직이는 진리는 이윽고 변화한다. 변화한 후 진리는 혁신된다. 완전히 혁신된 진리는 전 세계적인 진리이다.

―공자

9월 6일

본연의 줄기에서 잘리어 떨어진 나뭇가지는 그 나무 전체로부터 떨어져 버린 것이다. 남과 사이가 벌어진 인간은 전 인류로부터 떨어져 나간 자이다.

그러나 나뭇가지는 알지도 못하는 사람의 손에 잘린 것이지만, 인간은 자기 자신의 증오나 사악에 의하여 이웃과 전 인류로부터 떨어져 나가는 것임을 깨닫지 못한다.

그러나 모든 인간을 하나의 동포로서 이 세상에 부르신 신은 그런 불화가 생긴 후 다시 서로 친화하도록 자유를 우리에게 주셨다.

―마르쿠스 아우렐리우스

9월 7일

박애의 덕은 결코 우리로부터 먼 곳에 있는 것이 아니다. 오직 그것을 얻으려고 바라기만 하면 된다. 그것은 저절로 우리의 곁으로 다가올 것이다. 자기 자신에게는 엄격하게, 다른 사람에게는 관대하게 하라. 그러면 우리에게 원수는 없으리라.

―중국 성언

9월 8일

참으로 선량하고 현명한 사람의 가장 큰 특징은 다음과 같은 점에 있다. 그는 언제나 자기는 아는 게 극히 적으며, 자기보다 아는 것이 많은 사람이 있다는 것을 의식하고 있다. 그래서 그는 항상 더 많이 알고 더 많이 배우려 하며, 결코 남을 가르치려고 하지 않는다.

남을 가르치고 남을 바로잡아 주고자 하는 사람은 결코 잘 가르쳐 주지도 바로잡아 주지도 못하는 사람이다.

—러스킨

9월 9일

내 육체는 모든 외부로부터의 고통과 불행에 직면하고 있다. 그리고 육체가 상처를 입으면 여러 가지로 불평을 호소할 것이다. 그러나 내 이성은 육체의 고통이나 불행에 의하여 해를 입지 않는다는 것을 알고 있다.

침착한 태도를 가지고 어떠한 불행도 참고 견뎌라. 그리고 그 불행을 선에 도달하는 도움이 되게끔 하라. 위는 음식물 속에서 육체에 적합한 영양군이 될 만한 것만을 골라낸다. 불은 물건을 집어넣으면 더욱 밝게 타오른다. 그와 같이 모든 불행 속에서 생활의 도움이 될 만한 것만을 골라내어 소용되게 하라.

9월 10일

아침에 일어날 때부터 우리는 다음과 같이 말할 수 있는 마음의 준비가 되어 있어야 한다.

"지금 당장이라도 나는 굉장히 뻔뻔한 사람, 은혜를 저버린 사람, 건방진 사람, 거짓말을 잘하는 사람, 협박하는 사람, 골 잘 내는 사람과도 싸울 수 있다. 왜냐하면 이러한 악덕은 무엇이 선이고 무엇이 악인가를 분간하지 못하는 사람에게 반드시 따라다니는 것이기 때문이다."

그러나 참으로 무엇이 선이고 무엇이 악인가를 똑똑히 알고 있다면 그와 동시에 자신에게 악한 것이란 오직 자신이 행한 악한 행위뿐이라는 것도 이해할 수 있을 것이다. 왜냐하면 아무도 나의 의사에 반해 악한 행동을 하도록 강요할 수 없기 때문이다.

또한 내가, 모든 인간은 그 살과 피에 의해서가 아니라, 누구나 신으로부터 부여받은 영혼에 의하여 서로 친근한 것임을 이해하며, 영혼이야말로 육체보다도 훨씬 고귀한 우리의 본질을 형성하고 있는 것임을 이해한다면, 나는 결코 가까이 있는 것에 대하여 화를 내거나 증오할 수가 없다.

왜냐하면 우리의 오른손과 왼손, 오른발과 왼발, 눈과 이가 서로 돕기 위하여 만들어진 것을 잘 알기 때문이다.

그러므로 우리가 우리를 비방하고 해쳤다고 해서 이웃을 멀리한다는 것은 우리의 참된 본성을 배반하는 것이다. 그러나 대부분의 사람들은 자신에 대한 욕을 했다고 해서 다른 사람을 증오하고, 그럼으로써 자기의 본성에 배반되는 죄악을 범하고 있다.

—마르쿠스 아우렐리우스

9월 11일

끝까지 참고 견디는 자는 구원을 받으리라.

—〈마태오 복음서〉 24장 13절

시련에 굴복하지 않는 자는 영광을 얻으리라. 신은 모든 인간에게 시련을 주신다. 부유한 사람이건 가난한 사람이건 모두에게 시련을 주신다. 부유한 사람은 청하는 사람에게 베풀어주느냐 베풀지 않느냐로 시련을 주시고, 가난한 사람은 신의 뜻을 받들어 그 모든 괴로움을 아무 불평 없이 참고 견디느냐로 시련을 주신다.

—유대 경전

9월 12일

현대의 악마들이 사람들에게 가르치고자 하는 가장 저속한 지식은 박애 이외의 다른 것에 생활의 원천이 있는 듯이 거짓을 가르치려고 애쓰는 것이다.

사람들은 입으로는 몹시 감상적인 말을 한다.

"이웃 사람들을 그대 자신을 사랑하듯 사랑하라."

그러나 그들은 야수나 다름없이 이웃 사람을 손톱으로 할퀴고 발로 짓밟는다. 이웃 사람의 노고로만 자신이 살기 위하여…….

—러스킨

9월 13일

신앙은 항상 겸허한 마음에서 생겨난다. 우리는 우선 '나'라는 존재가 얼마나 미미한 존재인가를 인식해야 한다. 그때 비로소 우리는 자기가 맡은 바 천명을 다할 수 있다.

그런 연후에 나의 천명은 무엇인가, 그것은 누가 명령하는 것인가를 잘 생각해야 한다. 그러면 비로소 우리는 자신 속에 항상 선과 악에 대한 똑똑한 인식이 존재하고 있음을 이해할 수 있을 것이다. 그리고 그 이해에 자진하여 복종할 수 있다.

—러스킨

9월 14일

한 번 뉘우친 행동을 완전히 고쳤을 때 회개는 비로소 실천되는 것이리라.

—톨스토이

"죄를 범했을 때는 회개하면 되지."

이렇게 말하는 사람은 신의 용서를 받지 못한다.

"죄를 범하더라도 참회하면 씻을 수 있을 테지."

이렇게 말하는 사람은 참회하더라도 죄는 씻을 수 없다.

신에 대한 과오는 참회하면 씻을 수 있을지도 모른다. 그러나 이웃 사람에 대한 과오는 이웃 사람이 용서하지 않는 동안은 참회하더라도 씻을 수 없다.

—유대 경전

9월 15일

한 골짜기의 물의 흐름이 다른 골짜기를 지배하며 제멋대로 흐르기 위해서는 그 골짜기보다 그 흐름이 낮아야 한다. 그와 마찬가지로 성인이 다른 사람들보다 고결해지려면 언행에 있어서 그들보다 겸손해져야 한다. 사람들을 인도할 때는 사람들 뒤에서 종용(慫慂)해야 한다. 그 때문에 범인들은 성인들이 자신들보다 높은 세계에 살고 있어도 그것을 알지 못한다. 자신보다 훨씬 앞서 있어도 사람들은 그것을 거북하게 생각하지 않는다. 성인은 누구하고도 다투지 않으므로 이 세상은 그를 기다리는 것이다.

—노자

9월 16일

이스카리오테의 유다가 한 짓은 우둔했기 때문에 그랬던 것이

다. 우리가 유다를 극악한 배반자라고 생각하는 것은 매우 그릇된 일이다. 그는 다만 평범한 황금 숭배자였다. 그리고 많은 보통 사람들과 같이 그리스도를 이해하지 못했으며, 그리스도를 올바르게 평가하지 못했으며, 그리스도가 가진 바 의의를 똑똑히 생각하지 못했다. 그는 결코 그리스도가 사형에 처해지리라고는 생각하지 못했다. 그러나 처형됨을 보자 무서운 공포에 사로잡혔고, 얻었던 돈을 버리고 달아난 끝에 스스로 목매어 죽었다.

그러나 오늘날 수많은 황금 숭배자들 중 그 누가 자신으로 인해 죽은 사람이 있음을 생각하고 고민하여 마침내 목매어 죽을 수 있는가? 그러한 인간이 과연 얼마나 있을 것인가?

―러스킨

9월 17일

사람들이 어떤 현자에게 물었다.

"인의의 덕은 어떤 곳에 있습니까?"

현자가 대답했다.

"사람들을 사랑하는 데 있다."

다른 사람들이 물었다.

"학문이란 무엇입니까?"

현자가 대답했다.

"인간을 잘 이해하는 것이다."

현자는 항상 다음 세 가지를 존경한다. 첫째, 하늘의 율법을 존경하고, 위대한 사람들을 존경하며, 성자의 말씀을 존경한다.

어리석은 사람은 하늘의 율법을 모른다. 그르므로 그것을 존경하지 않는다. 또한 위대한 사람들의 가치를 인정하지 않는다. 그리고 성자의 마음을 의심한다.

—중국 성언

9월 18일

건전한 이성이 가리키는 율법을 알기만 하는 자는 그 율법을 사랑하는 자만 못하다. 그 율법을 다만 사랑하기만 하는 자는 그것을 행하는 자만 못하다.

—중국 성언

9월 19일

빗물이 물통 속에서 흘러넘치면 우리는 빗물이 물통에서 흘러나오는 거라고 착각한다. 그러나 빗물은 하늘에서 떨어지는 것이다. 이와 같은 일이 독실한 신자들이 우리에게 설법하는 설교 속에도 일어나고 있다. 언뜻 보면 설법이 그 사람들로부터 나오는 있는 것처럼 느껴진다. 그러나 그 가르침은 신으로부터 나오는 것이다.

―라마크리시나

9월 20일

남에게 조금이라도 봉사하면 자신도 그 보답을 받을 권리가 있다고 생각하는 사람이 있다. 또 당장 그 보수를 받으려는 생각은 없어도 항상 자신이 봉사한 일을 마음속으로 생각하는 사람들이 있다. 이런 사람은 포도나무 가지와 같다. 포도나무 가지는 자기 열매 송이를 기르면서 그 과실을 충분히 익게 하는 것만으로도 만족한다.

―마르쿠스 아우렐리우스

9월 21일

절제란 정력을 억압한다든가 그 발달을 저해함을 뜻하는 것이 아니다. 또한 그것은 선의 중지 상태, 다시 말하면 사랑이나 신앙을 나타내는데 있어서의 중지 상태를 의미하는 것도 아니다. 그와는 반대로 사람이 악이라고 생각하는 것을 방해하는 힘과 정력을 의미한다.

—러스킨

9월 22일

어떤 사람은 힘들이지 않고도 착한 일을 할 수 있다. 다른 사람은 여러 가지 적당한 힘을 빌려 착한 일을 한다. 또 어떤 사람들은 곤란을 겪은 뒤에야 비로소 착한 일을 할 수 있다. 그러나 착한 일을 하지 않으면 안 된다는 것은 누구에게나 다 마찬가지이다.

—공자

9월 23일

지식이란 두뇌의 음식물과 같다. 음식물이 육체에 하는 것과 같은 구실을 지식도 두뇌에 대하여 마찬가지로 행한다. 음식물과 한가지로, 지혜도 여러 가지로 혼합되고 악용되며 두뇌를 병들게 하는 일도 있다. 달게도 하고 맛나게도 하며 맛있게 하기 위하여 그 자양적인 의의를 잃어버리는 일도 있다. 그리하여 가장 좋은 두뇌의 음식물인 지식도 과식하면 병이 나서 죽음을 초래하는 법이다.

—러스킨

9월 24일

세상적인 것과 신에 속하는 것과의 구별을 탐구하라. 세상의 것에 의해서는 빈 그릇을 충만시킬 수 있지만 신에 속하는 것에 의해서는 마음을 충만시킬 수 있다. 그리고 신에 속한 것에 의하여 충만된 마음은 비록 충만되었다고 할지라도 얼마든지 새로운 가르침을 받아들일 수 있다.

그러나 빈 마음은 항상 귀머거리와도 같다.

―유대 경전

9월 25일

도덕적 완성에서 발생하는 지혜의 광채는 선천적인 선이라고 불린다. 지혜의 광채에서 발생하는 도덕적 완성은 후천적인 선이라고 불린다. 도덕적 완성에는 지혜의 광채가 필요하다.

―중국 성언

사랑과 이성은, 그것에 의하여 신을 탐구할 수 있는 두 가지 요소이다.

―톨스토이

9월 26일

다음과 같은 점을 잘 이해하고 항상 명심해 두라. 사람은 누구나 자기가 좋다고 생각하는 일을 행한다는 점을……. 만일 실제로 그 일이 좋은 것이라면 그 사람은 옳은 것이다. 그러나 만일 그 사람이 그릇되었다면 그 일은 누구에게보다 그 자신에게 나쁜 결과를 가져오고 만다. 왜냐하면 모든 그릇된 일 끝에는 반드시 고통이 따르기 때문이다. 이 점을 항상 명심하고 있다면 그대는 누구에게나 화를 내거나 짜증내지 않을 것이다. 또 누구를 비난하거나 꾸짖거나 하지도, 누구와 사이가 벌어지지도 않을 것이다.

―에픽테토스

9월 27일

이 세기의 종말에 우리를 기다리고 있는 불가피한 재앙이 있다. 이 거대한 사실 앞에 우리의 사상마저 그 전진을 멈추어 버렸다. 우리는 이 위협에 대하여 준비가 있어야 한다. 최근 21년간에 걸쳐 많은 과학상의 노력이 파괴 무기의 고안을 위해 바쳐졌다.

얼마 후면 적의 무력을 일시에 부셔 버릴 수 있는 새 무기가 제조될 것이고, 그리하여 새 전쟁은 민족 대 민족의 싸움으로까지 그 범위가 확대될 것이다. 착하고 평화적인 사람들은 그들의 힘을 뭉치기만 한다면 교활하고 야비한 정책 대신에 건전한 사상으로 튼튼한 단결을 이룰 수 있음에도 불구하고 아무 주저함이 없이 전쟁으로 달리고 만다.

―에로드

9월 28일

 사랑은 우리 삶의 근원적인 시작은 아니다. 사랑은 결과이지 원인이 아니다. 그리고 사랑 자체의 원인은 자기 자신 속의 신에 속하는 정신적인 태초를 의식한다는 그것이다. 이 의식이 사랑을 부르고 사랑을 낳는다.

 인생은 사랑을 통해 나타난다. 인생은 언제나 어디에나 존재하고 있다. 우리에게서 참다운 인생을 가로막아 버리는 것을 인생인 줄 아는 곳에 우리의 과오가 있다.

―톨스토이

9월 29일

 마음이 내키지 않으면 일은 잘 되지 않는다. 누구나 자기는 현재 필요한 일을 하고 있다는 의식 없이는 자진해서 일할 수 없다. 크고 작은 모든 만물을 창조주의 눈으로 본다면 아무리 작은 것일지라도 가장 큰 것과 마찬가지의 의의를 갖고 있다. 또한 하루도 몇 천 년과 같은 의의를 갖고 있다. 아무리 작은 것일지라도 가장 큰 것과 마찬가지로 설명할 수 없는 비밀에 쌓여 있다.

 누구도 아직 그 이름을 듣지도 생각하지도 못한 그러한 사람들, 그러나 이미 자신의 맡은 바 일을 거의 다한 사람, 우리가 무엇보다도 그에게서 어떻게 맡은 바 임무를 다할 것인가를 배울 수 있는 사람들의 생활 기록을 만든다는 것은 무엇보다도 유익하다.

—러스킨

9월 30일

모든 의로운 행위는 씨앗과도 같다. 그것은 오래도록 땅 속에 가만히 묻혀 있다. 그러나 한번 온도와 습도를 얻으면 자체 속에 새롭고 건전한 즙액을 양성하고, 신선한 힘을 얻어서 성장하기 시작한다. 그리고 이윽고 꽃을 피우고 열매를 맺는다. 그러나 폭력과 부정에 의하여 뿌려진 씨앗은 썩고 시들어 자취도 없이 사라지고 만다.

어느 시대에서나 그 시대의 위대한 사람들을 존경해야 한다. 그리고 절대로 그들 이전의 선구자들이 더욱 위대했다는 말을 해서는 안 된다.

—유대 경전

chapter 10
10월의 이야기

진리는 탐구할 때 항상 생활도 시작된다. 진리를 찾는 것
을 중단하면 곧 생활도 없어진다.

―러스킨

Story this month

~ • 10월의 이야기 • ~

신의 나라

생명이 무엇인지 나에게 말해 다오. 그러면 나도 살아있는 신이 무엇인가를 말해 주리라.
그대는 말한다.
"생명은 의식(衣食)이다. 그리고 자신의 자유, 자신의 욕구 충족 및 욕구의 선택 같은 것들의 의식이다."
그러나 이러한 생명은 어디서부터 온 것인가?
그대는 말한다.
"그것은 저급한 유기체로부터 온 것이다."
그러나 저급한 유기체는 이미 그 자체 속에 이 의식을 지니고 있었다. 그러면 저급한 유기체는 어디서부터 오는 것일까?
그대는 말한다.
"무한의 본원에서 왔다."
그대가 말한 것, 그것을 나는 신이라고 이름한다.
나는 말한다.
"내 생명 의식과 자유 의식이 신이다. 그렇지만 이것도 신의 전체는 아니다."

나는 존재하고 있다. 나는 살아있다. 내 욕구 충족에 힘을 다하는 선택의 자유를 의식하는 이외에 나는 또한 이 선택에 있어서 나를 이끌어 가는 이성은 어디서부터 오는 것일까 하고 생각한다.

이 이성은 본원을 탐구하고 있다. 이러한 이성은 인간 그 자체와 싸우면서 그 자신을 극복하고 또한 그의 육욕을 억제하며, 그에게 법칙을 제시해 준다.

법칙은 육욕과 투쟁함으로써 정복해 나가는 것이다.

"육욕의 발동에 반대하는 법칙을 설정하는 데 있어서 인간의 이성은 어디서부터 오는 것일까?"

이것에 대하여 내게 말해 보아라.

그대는 말한다.

"이들 법칙은 인간으로부터 나왔다."

그러면 인간의 이성은 어디서부터 오는 것일까?

"생물의 발달에서부터."

그렇다면 생물은 무생물로부터 오는 것일까? 그렇지만 그들이 무생물이었을 때에도 이성의 어린싹은 있었다.

회전하는 태양에서 떨어져 나간 여러 부분에 이미 이성의 어린싹은 있었다. 태양과 태양으로부터 떨어진 많은 별에도 그러한 싹은 있는 것일까? 만약에 이성이 있고 그것이 발달된 것이라고 한다면 그 기원은 역시 무한 속에 숨어 있는 것이라고 할 수 있다.

이 이성의 기원 역시 신이다.

그대에게 있어서와 같이 내게도 본원의 동일 개념이 있다. 즉 생명의 본원과 이성의 본원이 합해져 하나로 된다는 것이다.

그대는 그대의 사상의 진행만을 가리키고 있지만 나는 모든 것들을 신이라고 이름한다. 그대가 아무렇지도 않게 가리키는 것, 대가 사상의 삼도정(三道程)으로 나누는 것을 나는 그 무엇인가 이름을 붙여야겠으므로 이렇게 이름하고 있다.

나는 신과 영혼을 정의란 방법에 의하지 않고 전혀 다른 방법으로 안다. 정의는 내 안에 있는 이 지식을 파괴하고 있다. 나는 신이 존재한다는 것, 내 영혼이 존재한다는 것을 알고 있다. 그러나 이러한 지식이 내게 의심할 바 없는 것임은 내가 불가피하게 그로 인해 인도되었기 때문이다.

나는 어디서 왔을까?

나는 이 문제로써 신이 존재한다는 것을 알게 되었다.

나는 무엇인가?

이 문제로써 나는 영혼이 존재한다는 것을 알게 되었다.

나는 내 어머니에게서 태어났으며 어머니는 할머니에게서, 할머니는 증조할머니에게서……. 그럼 맨 처음 사람은 누구로부터? 이렇게 되면 나는 불가피하게 신에 도달하고 만다.

그러면 무엇이 나일까?

발은 내가 아니다. 손도 내가 아니다. 머리도 내가 아니다. 감정도 내가 아니다. 사상조차 내가 아니다.

그러면 무엇이 나란 말인가?

나는 나이다. 내 영혼이다.

어떤 방향으로 내가 신에 가까이 접근해 간다고 하더라도 똑같다. 즉 내 사상의 본원, 내 이성의 본원은 신이다.

내 사랑의 본원은 신이다. 물질의 본원 또한 신이다.

영혼이란 개념에서 말해도 역시 마찬가지이다. 내가 진리에 대한 내 희구를 느낄 때 나는 진리에 대한 희구가 내 비물질적인 기초인 내 영혼임을 알고 있다. 나는 선에 대하여 내 사랑이 향할 때 내 영혼이 이것을 사랑하고 있음을 알고 있다.

신이란 무엇인가?

신은 무엇 때문에 존재하는 것일까?

내가 내 마음속에 유한한 것으로 알고 있는 그것은 실상 무한한 것이기도 하다. 이것이 곧 신이다.

내 몸은 유한하지만 신의 몸은 무한하다. 나는 63년을 살아온 존재이지만, 신은 영원히 살고 있는 존재이다.

나는 내가 이해할 수 있는 범위 내에서 사고하는 존재이지만, 신은 무한으로 사고하는 존재이다. 나는 이따금 조금밖에 사랑하지 못하는 존재이기도 하지만, 신은 무한으로 사랑할 수 있는 존재이다. 나는 또한 부분이지만 신은 전체이며, 나는 신의 부분으로서밖에 나를 이해할 수 없다.

Daily stories

10월 1일

덕이 높은 사람은 올바른 길을 끝까지 걸으려고 노력한다. 그리고 도중에 용기를 잃는다는 것을 두려워한다.

―중국 성언

인간의 덕은 고귀한 보석과 같은 성질의 것이 아니면 안 된다. 어떠한 일이 일어나도 천성의 아름다움을 잃어서는 안 되는 것이라야만 한다.

―마르쿠스 아우렐리우스

10월 2일

못된 일에 대한 욕망이 없으며, 허영심도 없을 때 인간으로서 할 수 없는 덕행은 아무것도 없다. 또 어떠한 순수한 행위라도 할 수 있을 것이다.

―중국 성언

10월 3일

이 세상에서 항상 자기의 처지를 확실히 깨닫고 있을 때 그 사람의 정신 상태는 일정해진다. 정신 상태가 일정해지면 정신적인 초조는 없어진다. 정신적인 초조가 없어지면 완전한 평안이 온다. 이 평안을 가진 사람은 사색하기에 알맞은 사람이다. 이와 같은 사람들은 모든 진리를 받아들일 수 있는 사람이다.

―공자

10월 4일

지식이 풍부한 사람은 떠벌리지 않는다. 수다스러운 사람은 대개의 경우 잘 알지 못하는 사람이다. 성자는 항상 입을 다물고, 그 감정의 문은 항상 닫혀져 있다. 성자는 그 모난 것을 무디게 하며, 그 매듭을 풀고, 그 빛을 부드럽게 하며, 그 마음을 넓게 한다. 그러므로 성자에게는 사랑도 증오도 가까이 갈 수 없다. 성자에게는 이득도 손실도 가까이 가지 못한다. 성공도 오욕도 가까이 가지 못한다. 그리고 그 때문에 성자는 모든 세계에서 존경받고 있다.

―노자

10월 5일

나는 많은 것을 내 스승에게서 배웠다. 또 그보다 많은 것을 친구에게서 배웠다. 그러나 더욱 많은 것을 나는 제자들에게서 배웠다.

―유대 경전

10월 6일

우리가 신 앞에 기도하며 모든 소원 성취를 빌 때, 신의 의지는 우리의 소원대로 변화하는 것이 아니라는 것을 알아야 한다. 그리고 신 앞에 소원 성취를 빌면서 다음과 같은 점을 알게 된다. 신이 이 세계를 창조했다는 것, 그러므로 신은 만물을 위하여 마음을 쓰며, 만물을 기르고 통치한다는 것, 신은 선악을 불문하고 이 세상의 만물을 감시하고 있다는 것 등을 알게 된다. 신의 영광을 생각하고, 신의 힘을 깨달음으로써 우리의 마음은 무엇보다도 깨끗해지며, 무엇보다도 높아진다.

―유대 경전

10월 7일

참으로 완전한 것은 하늘의 법칙이다. 그러므로 자기완성, 즉 하늘의 법칙을 깨닫기 위해서는 스스로의 모든 노력을 기울이는 것은 인간의 법칙이다. 항상 끊임없이 자기완성을 위하여 노력하는 사람은 성인이다. 성인은 선과 악을 구별할 줄 안다. 그는 선을 찾아내고 그 선을 잃지 않으려 하고 항상 그 선을 따라다닌다.

―공자

아무리 내가 교육 정도가 낮은 자라고 할지라도 지혜의 길을 걸을 수는 있다. 내가 두려워하며 조심해야 할 한 가지 일은 교만이다. 높은 지혜는 매우 단순한 것이다. 그러나 사람들은 똑바른 길은 싫어하고, 구부러진 샛길을 좋아한다.

―노자

10월 8일

성자는 누구와도 다투지 않지만 언제나 그 결심은 강하다. 성자는 속인에 가깝지 않다. 그러나 속세 사람들과 같이 평화롭게 살아간다.

―중국 성언

누군가 나를 모욕한다면 그 사람은 그런 성질을 타고난 것이다.

내게도 나만의 성질이 있다. 그것은 자연으로부터 받은 성질이다. 그리고 나 또한 나 자신의 성질에 따라 행동하고 있다.

―마르쿠스 아우렐리우스

10월 9일

인간의 생활에서는 더할 나위 없이 명백하고 영원한 법칙, 그리고 인간의 머리에 의하여 충분히 구별할 수 있는 법칙이 존재한다. 그 법칙이 사람들로 인해 명백해지고 사람들이 그 법칙에 순종할수록 사람들의 생활 속에는 더욱더 큰 힘이 가해진다.

―러스킨

10월 10일

지혜는 많지만 일의 능률을 올리지 못하는 사람은 무엇에 비교할 것인가? 그것은 가지는 많이 뻗었으나 뿌리가 적은 나무와 같다고 할 수 있으리라. 바람이 세게 불면 제일 먼저 뿌리째 뽑혀 나뒹굴 것이다.

지혜는 없어도 일을 많이 하는 사람은 무엇에 비교할 것인가? 굉장한 뿌리를 가졌으나 가지는 적은 나무와 같다고 할 수 있으리라. 온 세상의 폭풍이 한꺼번에 불어오더라도 그 나무는 꿈쩍도 하지 않을 것이다.

신앙이 깊은 사람은 약속을 적게 하고 실행을 많이 한다. 옳지 못한 사람은 약속은 하지만 실행하는 일은 적다.

―유대 경전

10월 11일

비록 운명이 그대를 어디에 던져 버린다고 할지라도 그대의 본질·정신·생활은 그대와 함께 있을 것이다. 또한 그대가 자기 자신의 존재 계율에 대하여 신념을 가질 때에는 언제나 자유와 힘이 있을 것이다.

어떠한 외면적인 행복이나 위대한 것이라고 할지라도 그로 말미암아 다른 사람들의 결합을 방해하며, 자기 자신의 정신적 존엄을 파괴할 만한 가치를 가진 것은 있을 수 없다. 그렇게 큰 희생을 바치고 그대는 무엇을 얻었는가? 나는 그것을 보고 싶다.

―마르쿠스 아우렐리우스

10월 12일

사람들이 성인에게 물었다.

"인생에서 어느 때가 가장 중요한가요? 그리고 어떤 인간이 가장 중요하며 어떤 일이 가장 중요한 것입니까?"

성인이 말했다.

"가장 중요한 때는 현재이다. 왜냐하면 현재에서만 인간은 자기 자신을 통제할 수 있으니까. 가장 중요한 인간은 현재 그대가 관계를 맺는 인간뿐이다. 그 까닭은 인간은 이후 자신이 또 다른 사람과 관계를 맺을지 모르기 때문이다. 가장 중요한 일은 그 사람들과 사랑하며 화합하는 일이다. 왜냐하면 모든 사람은 서로 사랑하기 위하여 이 세상에 태어난 것이기 때문이다."

—톨스토이

10월 13일

현재 이 세상의 모든 착한 사람들은 다음과 같은 과오를 범하고 있다. 나쁜 무리와 악의 결과를 피하길 원하고, 간접적으로 그 악에서 유래된 해독을 고치고자 애쓰면서도 그 나쁜 무리에 대하여 예의 바르게 손을 내밀고, 그들을 악한 상태로 두며, 간혹 그들과 같은 행동을 하는 경우이다.

아침에 그들은 자신의 마음의 욕구를 만족시키기 위하여, 몇 명의 몰락한 사람들의 궁핍을 힘써 도와준다. 그러나 밤에는 그 몰락한 사람들을 타락하게 한 그 사기꾼들의 흉내를 내고자 준비한다. 이렇게 하여 몇십 년 이상에 걸쳐 고치려고 애쓴 것을 단 몇 시간 안에 무너뜨리고 만다.

그보다 좀 나은 경우에도 이러한 짓을 하고 있다. 무엇이든 모조리 파괴해 버리는 군대의 후방에서는 굶주리는 백성들을 주의 깊게 보호하면서도, 전방에서는 이 군대의 수가 더욱더 늘어나고, 대진

군(大進軍)이 신속히 성공하도록 애쓰고 있다.

―러스킨

10월 14일

　마음속으로부터 못된 짓을 하고 싶어서 하는 인간은 극히 적다. 그러한 인간은 거의 없다고 해도 무방할 것이다. 못된 짓을 하는 인간은 다만 자기가 하는 일을 알지 못할 따름이다.

　자신의 형인 아벨을 죽인 카인도 자기는 못된 짓을 한다고는 생각하지 않았다. 우리 속에는 수많은 카인이 들어 있다. 카인의 경우보다도 훨씬 대수롭지 않은 원인 때문에 매일 자기의 형제를 죽이고 있다. 뿐만 아니라 그 형제들의 혈육을 빼앗아 자신의 이익을 꾀하고 또 아무 원인도 없이 죽이고서도 아무런 가책을 느끼지 않는 사람도 부지기수이다.

　그들의 눈을 뜨게 할 수 없는 이유는 다음과 같은 점에 있다.

　그들의 감정을 움직이고, 그 마음에 영향을 주는 것은 어렵지 않지만, 그들의 이성에 호소하기란 참으로 어렵기 때문이다. 물론 그들이 이전과 다름없이 어리석다고 하더라도 그 감정을 변화시킬 수 있다면 큰 의의가 있을 것이다. 그러나 우리는 말할 것도 없이 항상 그들의 곁에서 가르쳐 줄 수는 없는 노릇이다. 그러므로 그들은 여전히 못된 짓을 하며, 이전보다도 한층 쉽게 못된 짓을 한다.

　흔히 사람들은 다음과 같은 말을 한다. 아무리 무서운 지옥에 있을지라도 착한 가르침으로써 선도할 수 있는 것이라고…….

그러나 이 말은 믿을 수 없다. 밑 없는 구렁텅이는 어떠한 바위로도 메울 수 없다. 메울 수 있는 것은 오직 그 구렁텅이로 가는 길뿐이다.

—러스킨

10월 15일

아무리 노력해도 항상 착한 일을 하기란 어렵다. 그러나 인간은 누구나 조금이라도 착한 일을 하다 보면 더욱 착한 일을 하고 싶어지는 법이다.

—공자

10월 16일

인간의 본성은 선이다. 그러므로 일생 중 어느 때든 이 천성을 잃어버린 순간 사람은 결코 행복할 수 없다.

—중국 성언

10월 17일

우리가 움직이는 배 위에서 그 배 위에 있는 물건을 본다면 배가 움직이는 것을 느끼지 못할 것이다. 그러나 멀리 있는 나무나 언덕을 보면 배가 움직이고 있음을 곧 알 수 있다.

    그와 같이 인생에서도 모든 사람이 걷고 있는 길을 걸을 때에는 그와 같이 눈에 뜨이지 않지만 그중 한 사람이 신을 이해하고 신의 길을 걷고 있으면 다른 사람들이 얼마나 사악한 생활을 하고 있는가를 곧 알게 된다. 그리고 그 때문에 다른 사람들은 그 사람을 추방한다.

―파스칼

    세상은 과거 또는 현재에 있어서 위대한 사람들이 가진 모든 장점을 경멸하고, 오직 악을 발견하는 사람만을 좋아한다.

―러스킨

10월 18일

언어의 의미는 오직 그 의미를 따르는 사람만이 이해할 수 있다. 정직하지 못한 사람에게 정직이란 말의 의미를 완전히 설명할 수 없다. 사랑을 모르는 사람에게 사랑이란 말의 의미를 설명할 수도 없다. 그런 사람들에게 그 말의 의미를 이해시키려고 애쓰지만 우리는 정직이나 사랑이라는 말에 관하여 설명하지 못할 것이다.

10월 19일

완전함이란 도달할 수 없는 유토피아라는 논거를 주장하며, 우리가 선행을 행하려는 것을 단념시키려는 사람이 있다면 마땅히 그들을 경계해야 한다. 우리의 마음에 고귀한 장점을 각성시킬 수 있는 영향만 준다면 아무리 사소한 일이라도 그것에 종사하는 것을 결코 무익한 일이라고 생각해서는 안 된다.

―러스킨

10월 20일

성자는 자기 자신의 감정을 갖고 있지 않다. 다른 사람의 감정이 바로 그의 감정이다. 그는 선한 일에도 선으로 대하며, 악한 일에도 선으로 대한다. 그는 믿는 자에게 믿음으로 대하며, 믿지 않는 자에게도 믿음을 대한다.

성자는 이 세상을 살아가는 동안 사람과의 관계에 마음을 쓴다.

그는 모든 사람들을 위하여 느끼고 생각한다. 그러므로 모든 사람들의 마음과 눈은 그에게 쏠려있다.

―노자

10월 21일

사람에게는 세 가지 구별이 있을 뿐이다. 하나는 신을 찾고 신에게 봉사하는 사람이다. 이들은 현명하며 행복하다. 다른 하나는 신을 찾을 수 없고, 찾으려고도 하지 않는 사람들이다. 이런 사람들에게는 지혜도 없으며 행복하지도 못하다. 셋째는 신을 찾을 능력이 없는 사람들, 그러나 신을 찾으려고 애쓰는 사람들이다. 이 사람들은 지혜는 있을지 몰라도 아직 행복하지는 못하다.

―파스칼

진리는 탐구할 때 항상 생활도 시작된다. 진리를 찾는 것을 중단하면 곧 생활도 없어진다.

―러스킨

10월 22일

도덕적인 완성에 도달하기 위해서는 무엇보다도 먼저 정신이 결백하도록 마음을 써야 한다. 정신의 결백은 마음이 진실하기를 요구하며, 의지가 신성을 향하여 나아갈 때에만 얻을 수 있다. 이것은 그 사람이 참된 지식을 가지고 있는가 없는가에 달려있다.

―공자

10월 23일

인간 생활을 움직이는 것에는 세 가지가 있다. 그 하나는 감정이다. 이것은 다른 생물들과는 달라서 인간의 본성에서 흘러나온다. 둘째는 모방, 암시, 몽상 등이다. 셋째는 이성의 힘이다.

첫째나 둘째에 의한 인간의 행위는 수백만 가지인데, 그중 이성만을 토대로 하는 행위는 겨우 한 가지 있을까 말까 하다. 이 비율은 모든 사람, 어떠한 사람에게도 적용된다. 다시 말하면 인간의 몇백만 가지 행위 중 이성에 의해 행해지는 것은 겨우 한 가지 정도밖에 없다.

―파스칼

10월 24일

다른 사람의 신앙 속에 자기도 들어가서, 그 사람들의 삶을 지도하는 법칙을 자기 마음속에도 맛보려고 노력할 때 그 누구라도 그대를 방해할 수 없다. 이것을 잊어서는 안 된다. 그리고 그렇게 함으로써 그대는 진실로 그 사람을 사랑하고 동정하며 평가할 수 있다.

―러스킨

10월 25일

공포를 느끼는 일 없이 죽음을 생각하려거든 온 힘을 다해 삶을 사는 사람의 태도를 본받도록 하라.

그 사람들은 죽음이 언젠가는 자신에게 닥쳐올거라는 것을 알고 있다. 많은 죽음을 지켜본 명이 긴 사람들도 결국은 죽는다. 인생은 매우 짧다. 그러나 그 속에는 많은 슬픔과 악이 들어 있다. 그러므로 생명이란 아주 약하기 짝이 없다.

이와 같이 짧은 시간에 대해 무슨 말을 할 가치가 있겠는가! 그대의 뒤에 존재해 있는 영원을 생각해 보라. 그리고 그대 앞에 존재해 있는 영원을……. 이 무한한 사이에서 사흘 동안을 사는 것과 3세기 동안을 사는 것이 얼마나 다르겠는가!

—마르쿠스 아우렐리우스

10월 26일

과학이 종교의 적이 될 경우가 있다고 생각하는 것은 무서운 일이다. 과학이 단지 허영에 지나지 않을 때 종교의 적이 될 뿐만 아니라 진리의 적이 될 것이다. 그러나 참된 과학은 종교의 적이 아니라 종교의 길을 개척해 준다.

—러스킨

10월 27일

우리 인간보다 높은 곳에 있는 것, 낮은 곳에 있는 것, 과거에 속하는 것, 그리고 미래에 존재하는 것의 장막을 걷어올리려는 사람은 차라리 태어나지 않음이 좋다.

―유대 경전

10월 28일

성현의 길에 있어서의 첫 번째 법칙은 아무리 곤란하더라도 자기 자신을 안다는 것이다. 이와 마찬가지로 박애의 첫째 법칙은 아무리 곤란하더라도 자기 자신에게 만족한다는 것이다. 자기 자신에게 만족하는 사람, 겸허한 사람만이 박애의 길에서 가장 확실한 사람이 될 수 있다.

―러스킨

진정한 덕은 어떤 행위에 있는가? 이것을 분명히 이해할 때에 다른 모든 것도 명백히 이해할 수 있다.

―공자

10월 29일

자기보다 고귀한 것, 깊은 존경의 마음으로 우러러볼 수 있는 것, 이러한 것을 발견할수록 우리 자신은 더욱 행복하고 더욱 고결해질 수 있다. 우리가 천사들 속에서 살 수만 있다면 인간 사회에서 살 때보다 행복할 것이다. 그와 반대로, 우리가 악인이나 무교육자나 벙어리들 속에서 살아야 하는 운명을 지녔다면 언제까지나 우월감을 의식할 따름이지 결코 행복하지 못할 것이다.

그러므로 인간의 참다운 기쁨 그리고 인류 진화를 위한 모든 힘은 사람들이 숭배할 가치가 있는 훌륭한 대상을 발견한다는 데 있다. 그리고 인류의 모든 불행은 모든 졸렬한 것을 항상 습관적으로 경멸하는 데에 있다.

―러스킨

10월 30일
자책할 점이 있다면 곧 스스로 그것을 명백히 하지 않으면 안 된다.

―유대 경전

일상생활의 실제 면에 있어서 무엇이나 비밀이 있는 곳에는 반드시 죄악과 위험이 숨어 있다는 것을 발견할 수 있다. 그리고 그대는 비밀을 요하는 일이 이 세상에 있다고 생각하는가? 그와는 정반대로 인간 생활의 존엄과 안정은 명백하고 솔직하다는 데 직접 관련되는 것이라고 할 수 있다.

―러스킨

10월 31일

너희는 자신을 위하여 보물을 땅에 쌓아 두지 마라. 땅에서는 좀과 녹이 망가뜨리고 도둑들이 뚫고 들어와 훔쳐 간다. 그러므로 하늘에 보물을 쌓거라. 거기에서는 좀도 녹도 망가뜨리지 못하고, 도둑들이 들어오지도 못하며 훔쳐 가지도 못한다. 사실 너의 보물이 있는 곳에 너의 마음도 있다.

―〈마태오 복음서〉 6장 19~21절

도둑도 훔칠 수 없고, 폭군도 침노할 수 없으며, 그대가 죽은 뒤에도 남아서 결코 썩지 않는 보물을 얻으라.

―인도 격언

chapter 11
11월의 이야기

그릇된 길은 몇 천 갈래라도 있지만 진실로 통하는 길은
오직 하나일 뿐이다.

―루소

Story this month

~ • **11월의 이야기** • ~

예술에 관한 소고

예술이란 사람들을 하나가 되게 하는 훌륭한 수단이기도 하다.
　부유한 자의 노예가 됨으로써 가난한 자를 조롱하는 예술은 사멸하는 일은 있지만, 발전한다는 것은 생각할 수도 없다.

―모리스

예술이란 가장 강력한 고취 방법이기도 하다.
　물론 예술은 죄악적인 것이든 선량한 것이든 모두 고취할 수 있다. 그러므로 다른 어떠한 고취 수단보다도 예술의 고취에 관한 것이 가장 일을 빨리 완수할 수 있다.
　이슬람교·정교 등 오래된 종교는 예술의 몹쓸 영향을 두려워한 나머지 모든 예술을 배척했다. 그들은 정당했다고 말할 수 있다. 그리고 오늘날의 예술에 관해 각별히 정당했다고 말할 수 있다.
　예술이란 대승정(大僧正)이다. 또한 다소의 차이는 있지만 교묘한 어릿광대이기도 하다.

―마치니

예술에 대한 논의는 가장 공허한 논의라고 할 수 있다. 예술을 이해하는 사람은 예술을 각기 고유한 말로써 말하는 것, 그리고 예술에 대해 이러쿵저러쿵 시비하는 것이 쓸데없는 일임을 알고 있다. 그러므로 예술에 대해 수다스럽게 떠드는 사람들은 예술을 이해하지 못하는 사람들이며 예술을 감득하지 못하는 사람들이다.

참된 예술 작품은 모성의 수태와 같이 예술가들의 정신 속에서 탄생한다. 그리고 그것은 선행하고 예언하는 생활의 과실이기도 하다.
참된 예술의 동기란 가슴속에 쌓인 감정을 표현하겠다는 내면적인 요구이다. 모성에 있어서 성적인 수태의 원인이 사랑인 것과도 같이……. 그러나 사이비 예술의 동기란 이욕이라고 할 수 있다. 그것은 매춘부와도 같이…….
진실된 예술은 그 결과로 인생에 대해 새로운 감정을 일으키기도 한다. 아내의 애정의 결과가 한 남성에게 새로운 활동을 하게끔 하듯이……. 그러나 사이비 예술의 결과는 인간의 사욕이며 끝없는 만족의 포만임과 동시에 인간 정신의 약화를 초래하게끔 한다. 사악하고 음탕한 현대 예술이 우리를 매장하려는 진흙물을 막으려면 이상과 같은 것을 이해하지 않으면 안 된다.

Daily stories

11월 1일

　기도는 모든 정직한 사람에게 시시각각으로 선을 가져다주고, 창조자와 자신의 관계를 명백하게 해준다. 아버지가 아이들에게 가지고 있는 것과 같은, 즉 자기가 다른 사람에게 대하여 가지는 의무를 명백하게 한다. 다음으로는 자기 자신이 행한 모든 행위를 자기 자신이 청산해야 하며, 미래에 짊어지게 될 과거에 행한 과실이나 악을 피할 수 있도록 어두운 자기의 과거를 되돌아보게 한다.

―유대 경전

11월 2일

환경에 폭력을 가하는 자에게는 그 환경이 폭력을 가지고 달려든다. 환경에 대하여 몸을 비키는 자에게는 환경 쪽에서도 비키려고 한다. 환경이 좋지 않다고 생각될 때 그대는 그 환경에 반항해서는 안 된다. 환경에 대하여 자연의 길을 발견하지 않으면 안 된다. 왜냐하면 환경에 반항하는 자는 그 노예가 되지만, 환경에 순종하는 자는 그 주인이 되기 때문이다.

—유대 경전

운명이라는 것에 결코 우연성은 없다. 오직 사람이 자기의 참된 운명에 다다르기 전에 자기 스스로 운명을 만드는 것이다.

—월만

11월 3일

지식은 돈과 같다. 만약 그 사람이 자기가 노력해서 얻은 것이며 자기가 여러 가지로 생각하고, 적어도 이미 다른 사람이 체험한 것을 정직하게 배워서 얻은 것이라면 조금쯤은 지식을 가지고 있다는 것을 뽐내도 좋다. 그러나 자기는 그러한 일을 하나도 하지 않고, 다만 길을 지나가는 사람이 던져 준 것만 가졌다면 그것을 자랑해도 좋다는 이유가 어디 있는가.

—러스킨

11월 4일

자기가 바라는 대로 살아갈 수 있는 사람만을 자유로운 사람이라고 할 수 있다. 지혜로운 사람은 항상 자신이 바라는 대로 살아간다. 얻을 수 있는 것만 바라기 때문이다. 그러므로 지혜로운 사람만이 자유롭다.

누구나 죄를 짓고, 실수를 하며, 부정한 행동 등을 즐겨하려는 사람은 없다. 누구나 슬퍼하며 괴로워하는 생활을 일부러 하려는 사람은 없다.

아무리 부정한 생활을 하고 있는 사람일지라도 좋아서 그렇게 하는 사람은 없을 것이다. 자신의 의사와는 반대로 그렇게 하는 것이다. 그들도 슬픔과 공포를 즐겨하지 않는다.

그러나 항상 그 때문에 고민하고 슬퍼한다. 그들은 자신이 하고 싶지 않은 것을 하고 있다. 그들은 부자유한 사람들이다.

―에픽테토스

11월 5일

기도에 들어가기 전에 정신을 집중할 수 있는가 없는가를 살펴라. 그것이 안 된다면 기도하기를 그만두라.

기도에 들어갈 때, 비애의 감정, 태만, 홍소, 잡담, 들뜬 회화의 영향이 남아 있어서는 안 된다. 오직 신성하고 긴장된 마음으로 있을 때에만 기도에 들어가야 한다. 마음의 상태가 좋지 않을 때에는 기도를 삼가는 것이 좋다.

기도를 습관화하는 사람의 기도는 진실하지 못하다.

―유대 경전

11월 6일

너희는 좁은 문으로 들어가라. 멸망으로 이끄는 문은 크고 그 길은 넓어서 그 길로 들어가는 자들이 많다. 생명으로 이끄는 문은 얼마나 좁고 또 그 길은 얼마나 비좁은지, 그리로 찾아드는 자는 적다.

―〈마태오 복음서〉 7장 13~14절

그릇된 길은 몇 천 갈래라도 있지만 진실로 통하는 길은 오직 하나일 뿐이다.

―루소

11월 7일

오직 한 가지 신의 뜻에 맞는 것, 그리고 어떤 경우에도 저버려서는 안 될 것은 공정함이다. 그러나 우리는 공정에 대해서는 주의를 기울이지 않는 경향이 있다.

우리에게서 무엇이나 다 빼앗아가도 좋다. 그러나 오직 공정함만은 빼앗아가서는 안 된다.

혹자는 말한다.

"자선은 신의 심판 앞에서는 언제나 칭찬을 받지 않느냐?"

그것은 사실이다. 자선은 공정을 지키는 것보다는 쉬울지 모른다. 그러나 자선은 하나의 정점(頂點)이고, 그 근저에는 반드시 공정함이 있다. 우리는 그 근저부터 시작하지 않으면 정점에 도달할 수 없다.

우리는 어떠한 행동의 기초도 자선 위에 둘 수 없다. 자선은 공정함 없이는 존재하지 않는다는 간단한 이유에 의하여 우선 공정 위에 기초를 두어야 한다.

―러스킨

11월 8일

어떤 일이 그대를 슬프게 하고 괴롭게 할 때에는 다음과 같이 생각하라.

첫째, 이보다도 마음을 아프게 하는 일이 그대와 그대 주위에 있는 사람들에게 얼마나 많이 일어나고 있는가 하는 점.

둘째, 그대를 지금과 같이 슬프게 하고 괴롭히던 이전의 경우와 사건을 그대는 지금에 와서 덤덤하게 회상할 수 있다는 점.

셋째, 가장 중요한 것은 그대를 슬프게 하고 괴롭게 하는 것은 한낱 경험에 지나지 않으며, 그 경험에 의하여 그대는 자기의 정신력을 알아보는 힘을 더욱 기를 수 있다는 점이다.

11월 9일

그리고 최후로 다음과 같은 것을 생각해 보라. 지금 그대를 광대나 인형처럼 다루고 있는 여러 가지 정욕이나 번뇌를 초월하고 신에 속하는 것이 자기 자신 속에 존재하고 있다는 것을…….

—마르쿠스 아우렐리우스

깊이 생각하는 것은 불멸로 가는 길이다. 얕은 생각은 죽음으로 가는 길이다. 심려는 결코 죽지 않는다. 천려는 죽음과 같다. 자기 자신을 불러일으켜라. 자기 자신을 지킬 때 그대는 불멸이다.

—잠파다

11월 10일

그대들은 사람을 함정 속에 떨어뜨리고 나서, 그는 신께서 받은 그 처지에 만족하지 않으면 안 된다고 한다. 현대의 그리스도인들은 전부 이러하다. 그리고 자기가 밀어뜨린 것이 아니라고 변명한다.

그렇다. 결국 우리는 자기가 한 일 또는 하지 않은 일을 전부 다 의식할 수는 없다. 오늘은 이익이 없지만 어떻게 하면 옳은 일을 할 수 있을까 하고 매일 아침 자문하지 않는 동안은 언제나 그렇다.

적어도 마호메트가 말한 올바른 가르침, "정의의 한 시간은 70년 동안 올리는 기도보다 가치가 크다."라는 말을 이해하는 바로 그 입장에서 그리스도교 정신을 이해하지 않는 동안은 언제나 그렇다는 말이다.

—러스킨

11월 11일

누구나 죽음이 무엇인지 알지 못한다. 그리고 죽음은 인간에게 있어서 가장 높은 선임을 알지 못한다. 사람들은 마치 죽음을 가장 큰 악인 양 두려워하고 있다.

―플라톤

자기 스스로 죽음을 택하는 사람도, 죽음을 몹시 두려워하는 사람도 모두 현자가 될 수 없다.

―아라비아 격언

11월 12일

자신의 일시적인 것, 자신의 이름, 자신의 육체 속에 참다운 자신이 있다고 생각하지 않는 사람, 이와 같은 사람은 진실한 인생을 아는 사람이다.

―잠파다

사욕을 갖지 않은 사람의 가르침만이 믿을 수 있다.

―유대 경전

지상을 정복하는 것 이상의 영광, 하늘에 오르는 것 이상의 아름다움, 전 세계를 소유하는 이상의 명예는 해탈의 첫걸음에 있어서의 성스러운 기쁨이다.

—잠파다

11월 13일

어떤 영국 작가는 모든 인간을 세 가지 계급으로 나누었다. 노동자와 거지, 그리고 도둑으로…….

이 분류는 항상 스스로를 '높은 계급' 또는 '사회의 귀한 계급'이라 이름 짓는 계급의 사람들에게는 큰 실례가 될 것이다.

그러나 경제적인 관점에서 볼 때 이 분류는 틀림없다. 인간이 부자가 되는 길은 한 가지밖에 없다. 노동을 하거나, 남이 주는 것을 받거나, 훔치거나 이 세 가지밖에 없다. 그리고 노동하는 사람들이 그렇게 조금밖에 보수를 받지 못하는 원인은 거지와 도둑들이 그렇게도 많은 것을 얻고 있기 때문이다.

만약에 사람이 자기 손으로 만들지 않는 부를 얻는다면 그것은 그것을 만든 사람의 덕택으로 얻어진 것임에 틀림없다.

—헨리 조지

11월 14일

빛이 너희 곁에 있는 동안에 그 빛을 믿어, 빛의 자녀가 되어라.

—〈요한 복음서〉 12장 36절

진실은 언제나 진실이며 악은 언제나 악이다. 오직 바보나 광인만이 나쁜 짓을 하면서 그것을 남의 행복을 위하여 하는 것이라고 말한다. 신의 존재를 부정하는 중요하고 상투적인 수단은 신의 뜻에 아무런 의의도 주지 않으며, 무조건 여론을 인정하는 데 있다.

—러스킨

11월 15일

사람이 오랫동안 집을 비웠다가 반갑게 귀향하면 집안사람이나 친구, 동네 사람들이 따뜻하게 환영해 주듯이 여기서 행한 착한 일은 다른 곳에서 환영을 받으며 마치 친한 친구를 대하는 것 같은 대

접을 받을 것이다.

—잠파다

그날 밤의 꿈이 평화스럽도록 그 하루를 보내라. 그리고 또 그 말년이 평화스럽도록 젊은 시절을 보내라.

—인도 격언

11월 16일
자기의 단점은 오직 다른 사람에게만 보인다.

—중국 성언

모든 사람은 타인 속에 자신의 거울을 가지고 있다. 그 거울에 비추어 자신의 죄악이나 결점을 정확하게 알 수 있다. 그러나 대부분의 사람들은 이 거울에 대하여 개가 하는 행동을 하고 있다. 즉 거울에 비치는 것은 자신이 아니라 다른 개라 생각하고 짖어 대는 개와 같은 행동을 하고 있다.

—쇼펜하우어

11월 17일
서른 개의 축이 아무것도 없는 기축(機軸) 속에서 통일된다. 그리하여 아무것도 없다는 것, 즉 기축 속이 비었기 때문에 수레바퀴가 성립된다. 그릇은 점토로 만들어진다. 그리고 아무것도 없다는 것, 즉 속이 비었다는 점에서 그릇은 소용이 있다. 나무를 잘라서 창호를 만든다. 아무것도 없다는 것, 즉 공간이 있다는 것에서 집이 성립되는 것이다. 무릇 이와 같이 하여 그 물건이 이용될 수 있음은 그 속에 아무것도 없다는 이유에서이다.

—노자

11월 18일

마음이 확고부동한 사람은 외부로부터의 그 어떠한 방해를 받아도 상처받지 않는다. 왜냐하면 상처 준다는 것은 추하게 하거나 약하게 하는 것이기 때문이다. 다른 동물은 방해를 받으면 몹시 화낸다. 그러나 사람은 이성에 의해 스스로 감정을 절제하므로 화를 내지 않는다. 방해는 도리어 그 사람의 도덕적인 아름다움과 힘을 한층 더 크게 하는 것이기 때문이다.

—러스킨

행복에나 불행에나 한 번도 남을 업신여기는 마음을 갖지 않은 사람은 한 번도 적을 만나지 않은 병졸과 같이 강하고 안전하다.

—크링겔

11월 19일

인간의 행복은 자기 자신에 대한 신뢰보다도 다른 사람을 상찬(賞讚)할 수가 있다는 점에 달려있다. 고귀하고 위대한 것에 대한 경건한 마음은 인간의 가장 중요한 특질이다. 그리고 다른 동물은 이러한 심정을 어느 만큼 가지고 있는가에 따라서 행복하며 월등하다는 말을 듣는다. 개는 인간들을 존중할 줄 알지만 파리는 존경할 줄 모른다. 자기보다 고귀한 것을 조금이라도 이해할 줄 안다는 이 능력에 의하여 개는 파리보다도 고등한 동물이다.

—러스킨

11월 20일

무지가 악을 낳는 것은 아니다. 해독을 가져오는 것은 다만 착오뿐이다. 사람들이 지식을 가짐으로써 착오를 일으키는 것은 아니다. 지식을 가졌다고 공상함으로써 착오를 일으키는 것이다.

—루소

문 밖으로 나가지 않고, 들창에서 바깥을 내다보지 않아도 성자는 장차 일어날 일을 알고 있다. 성자는 하늘의 뜻을 알고 있기 때문이다. 발을 놀려 드나듦이 많을수록 아는 것은 적을 것이다. 성자는 일하지 않아도 견문을 갖고 있다. 일하지 않아도 위대한 일을 완수한다.

—노자

11월 21일

너희는 기도할 때 위선자들처럼 하지 마라. 그들은 남에게 보이려고 회당에서나 큰길 모퉁이에서 기도하기를 좋아한다. 내가 진실로 너희에게 말하노니, 그들은 이미 자기들이 받을 상을 다 받았다. 너희는 기도할 때 골방에 들어가서 문을 닫은 다음 숨어 계신 네 아버지께 기도하여라. 그리하면 숨은 일도 보시는 네 아버지께서 너에게 갚아 주시리라. 너희는 기도할 때에 다른 민족 사람들처럼 빈말을 되풀이하지 마라. 그들은 말을 많이 해야 들어주시는 줄로 생각한다.

—〈마태오 복음서〉 6장 5~7절

마음에 의한 봉사, 그리고 신의 뜻을 받드는 것이 기도이다.

기도는 자기 집에서 함이 가장 좋다. 집회에서는 질투나 잡담이나 비방을 피할 수 없기 때문이다. 거기서는 죄를 범하기 쉬운 여러 가지 일을 피할 수 없기 때문이다. 부질없는 이야기를 하기 위한 모임 같은 데서는 처음부터 기도는 드리지 않음이 좋다.

—유대 경전

11월 22일

우리는 기도를 하기 전에 그 기도의 의의나 목적에 부합하는 행위를 선행하지 않으면 안 된다. 비록 기도를 하기 전에 선한 행위가 앞서지 않았을 경우일지라도(기도에 앞서 악한 행위가 있었을 경우는 문제 밖이다) 우리는 기도를 하기 전에 회개해야 한다. 죄를 회개한 뒤에야 우리는 신 앞에 나설 용기를 얻을 수 있다. 자신의 더러운 의복에 관하여 신께 호소하고 염원할 수 있다. 또한 우리가 언제나 다른 사람의 욕설과 비방, 부질없는 저주의 말을 하는 입으로 신께 기도를 드린다면 그것은 더러운 상자에 선물을 담는 것과 같다. 그러므로 우리는 먼저 자신의 입과 혀를 깨끗이 하지 않으면 안 된다. 만약 자신의 입이 죄를 범한다면 그것을 회개하도록 힘쓰지 않으면 안 된다.

―유대 경전

11월 23일

모든 새로운 욕망은 새로운 곤궁의 원인이다. 또한 새로운 슬픔의 원인이다.

―볼테르

자기 정욕의 노예가 되는 것은 노예 중에서도 가장 천한 노예이다.

―유대 경전

11월 24일

이 세상이 존재한 것은 이지(理智)가 그 모체였기 때문이다. 자신의 어머니를 알고 자기가 그 아들임을 아는 사람은 온갖 위험으로부터 벗어나 있다. 인생의 종말에 스스로 입을 닫고 감정의 문을 닫는 자는 어떠한 불안도 경험하지 않는다.

—노자

"마음은 그것을 준 신께로 돌아간다."
그러나 신이 그대에게 준 것과 똑같은 마음을 신께 돌려보내지 않으면 안 된다.

—유대 경전

사람들이 어떤 현자에게 물었다.
"눈에 보이지도 않는 마음에 봉사하는 것이 왜 필요한가요?"
현자가 대답했다.
"사람들에게 봉사할 생각도 없는데 어찌 보이지 않는 마음에 봉사할 수 있겠느냐."
사람들이 다시 물었다.
"죽음이란 무엇입니까?"
현자가 대답했다.
"삶을 아직 모르면서 어찌 죽음을 이해할 수 있겠느냐?"

—중국 성언

11월 25일

행동의 씨를 뿌리면 습관을 수확할 수 있을 것이다. 습관의 씨를 뿌리면 성격을 수확할 수 있을 것이다. 성격의 씨를 뿌리면 운명을 수확할 수 있을 것이다.

성자의 덕에 달하려면 무엇보다 절제가 필요하다. 절제는 어릴 때부터 습성되어 있어야 한다. 만약 절제가 어릴 때부터 습성되어 있다면 많은 덕을 갖출 수 있을 것이다. 많은 덕을 갖춘 사람에게는 절제하지 못하는 일은 하나도 없다.

―노자

젊을 때 정욕의 노예가 된 자는 나이를 먹어도 정욕에 몸을 망친다. 나쁜 정욕은 처음에는 달콤하지만 나중에는 너무나 쓰다.

―유대 경전

11월 26일

두려울 것 없는 것을 두려워하며, 참으로 두려운 것을 두려워하지 않는 사람은 허위의 관념을 믿고 파멸의 길과 악의 길에 발을 들여놓는 사람이다.

―잠파다

남을 아는 사람은 현명한 사람이다. 자기 자신을 아는 사람은 덕이 있는 사람이다. 남을 이기는 사람은 힘이 강한 사람이다. 자기 자신을 이기는 사람은 마음이 굳센 사람이다.

죽어 가면서 나는 이제 영원히 없어지는 것이 아니라는 깨달음을 얻은 사람은 영원한 생명을 얻는다.

—노자

11월 27일

생존의 모든 부문을 통하여 위대한 존재에 충분히 적응하기 위해서는 자기들을 위하여 존재하는 법칙에 따라 순종하지 않으면 안 된다. 예컨대 참으로 보편적인 중력의 법칙을 따름에 있어서, 태양이나 달에 비하면 한줌의 티끌은 훨씬 불안한 듯하지만 훨씬 태연자약하다. 대양이나 호수, 강은 이해하지 못하는 법칙에 의하여 움직이며 머문다. 간조, 만조가 이러한 현상이다.

—러스킨

11월 28일

"네 이웃을 사랑하라. 그리고 네 원수를 미워하라."

너희는 이렇게 이르신 말씀을 들었다.

그러나 나는 너희에게 말한다. 너희는 원수를 사랑하라. 그리고 너희를 박해하는 자들을 위하여 기도하여라. 그래야 하늘에 계신 너희 아버지의 자녀가 될 수 있다. 그분께서는 악인에게나 선인에게나 당신의 해가 떠오르게 하시고, 의로운 이에게나 불의한 이에게나 비를 내려주신다.

―〈마태오 복음서〉 5장 43~45절

가장 완전한 사람은 모든 사람들을 사랑하며, 그 사람들이 악인이건 선인이건 그들에게 착한 일을 베푸는 사람이다.

―마호메트

11월 29일

문학에서와 같은 일이 되풀이되고 있다.

인생에서 우리는 어디로 가나 무뢰한들을 보게 될 것이다. 그들은 마치 잉잉거리는 파리 떼와 같이 날아다니며, 어느 곳에나 우글거리고 닥치는 대로 모든 것을 더럽힌다.

저작 분야에 있어서도 실제 인생에서와 같은 일이 되풀이된다. 세상 사람들의 대부분은 우둔하며 끊임없이 착오에 사로잡혀 있다. 그 결과 악서(惡書)가 홍수를 이루며 우수한 서적의 쌀알 속에 유해 무익한 티끌이 섞여든다. 이러한 서적들은 사람들로부터 시간과 돈과 노력을 빼앗아 갈 뿐이다.

또한 악서는 무익할 뿐만 아니라 해롭기조차 하다. 그리고 이 세상에 출간되는 서적의 대부분은 무지한 사람들의 호주머니에서 돈을 거둬들이기 위한 목적으로 간행되고 있을 뿐이다. 이런 문학 작품의 작가를 위하여 출판사나 인쇄소는 머리를 쥐어짜며 서적 수효를 늘리고 있다. 더욱 유독하고 불손하고 비양심적인 기만을 서푼짜리 문사(文士)들이 범하고 있다. 그들은 독자의 취미를 사악하게 만들고 진실한 교양을 파멸로 몰아넣고 있다.

그러므로 세상 사람들 입에 오르내리는 서적은 아예 읽지 않는 편이 낫다. 다시 말하자면, 일방적인 주의와 평판을 끌고 있는 서적은 절대 읽지 않는 것이 옳다. 발행 초판 연도가 그 책의 마지막 해가 되는 그러한 서적에는 침을 뱉어야 한다. 하지만 어리석은 이들을 위하여 쓰는 작가가 많은 독자들을 획득하고 있다는 사실은 인정할 수밖에 없다.

그러나 무엇보다 먼저 우리는 모든 시대, 모든 사람들 가운데에서 가장 탁월한 저술가의 저서를 읽고 그들을 알도록 온 힘을 쏟지 않으면 안 된다. 그렇게 하지 않으면 그들의 저서를 읽을 틈을 잃고 말 것이다. 그러한 저술가만이 우리를 가르쳐 줄 수 있다.

악서는 끝끝내 사람들에게 읽히지만, 우량한 서적들은 통독되지 않는 경우가 대부분이다. 악서는 사람들을 혼동시킬 따름인 도덕적인 독약과도 같다.

악서를 읽는 것이 아무리 적을지라도 적다는 법이 없다. 마찬가지로 양서는 아무리 많이 읽을지라도 지나친 법은 없다.

악서는 정신의 해독이요, 머리를 둔하게 한다.

이런 까닭으로 속된 사람들은 완고하게 모든 시대의 양서는 읽지 않고, 다만 현대 문학의 가장 새로운 것만을 읽고 있다.

오늘날 서푼짜리 문사들은 온갖 대화 재탕의 좁은 작품 관념 속에서 뱅뱅 돌고 있을 따름이어서 그들 모두가 한결같이 천편일률적인 것을 쓰고 있다.

그리하여 우리가 살고 있는 현대는 스스로의 추악한 상태로부터 빠져나올 때가 없다. 또한 현재에 살고 있는 우리는 방랑할 수밖에 없다.

—쇼펜하우어

11월 30일

열매가 차차 커지기 시작하면 꽃잎은 떨어진다. 그와 같이 그대의 마음속에 신의 의식이 성장할 때 그대의 약한 마음이 사라진다.

몇 천 년 동안 어둠이 공간을 가득 채우고 있다고 하더라도 광명이 그 속으로 비치기만 하면 세상은 밝게 빛나기 시작할 것이다.

그와 같은 말을 그대의 영혼에 대해서도 할 수 있다.

설령 아무리 오랫동안 어둠 속에 있다고 하더라도 신이 그 속에서 눈을 뜨기만 하면 그대의 영혼은 곧 광명을 보여줄 것이다.

—라마크리시나

chapter 12
12월의 이야기

사람은 경솔함의 노예가 되기 전에는 죄를 범하지 않는다.

―유대 경전

Story this month

~ • 12월의 이야기 • ~

눈보라 속에 얽힌 사랑

    모질고 사나운 풍설은 차바퀴 사이와 정거장 구석구석의 기둥 둘레까지 휘몰아치며 날뛰었다.
    '바람은 이따금 잠잠해지기도 했다. 그러나 다음 순간, 그야말로 마주설 수 없을 만큼 무서운 기세로 불어오기도 했다. 그러는 동안에 사람들은 즐거운 듯 이야기를 나누며 정거장 널빤지를 삐걱삐걱 밟으며, 쉴 새 없이 큰 문을 여닫으며 돌아다니곤 했다.'
    꾸부정한 그림자가 안나의 발아래를 스쳐 갔다. 그 순간 쇠망치 소리가 들려왔다.
    "전보를 주게 나!"
    성난 듯한 목소리가 저쪽 어둠 속에서 들려왔다.
    "어서 이쪽으로, 28호요!"
    연거푸 여러 소리가 울려왔으며, 하얀 눈을 뒤집어쓴 사람들이 달려가곤 했다. 담배를 꺼내 문 두 사람이 안나의 옆을 지나갔다.
    안나는 심호흡을 한 번 내쉬었다. 군인 외투를 입은 한 사나이가 안나의 옆에서 흔들거리는 등불 빛을 가로막고 서 있었다.

안나는 그쪽을 무심결에 돌아다보았다. 그 순간 안나는 우론스키의 얼굴을 발견했다. 우론스키는 모자에 손을 얹고 안나에게 허리를 굽히면서, 도와드릴 일이 없느냐고 물었다.

안나는 한참 동안 아무런 말도 없이 물끄러미 그의 얼굴을 쳐다보기만 했다. 안나는 그의 얼굴과 눈의 표정을 읽었다. 아니, 안나는 다만 그렇게 생각했을 뿐이었다. 또다시 그토록 강렬하게 안나에게 작용했던 점잖은 황혼의 표정이기도 했다.

요 며칠 동안, 한 번만이 아니라 자신은 어디서나 언제든지 만날 수 있는, 영원히 변함없는 한 젊은이에 불과하다고 생각하는 것은 어른답지 못한 일이라는 생각이 들었다. 그러나 지금 이렇게 만나고 보니 그 해후의 첫 순간에 홀연히 안나를 사로잡은 것은 기쁨에 넘친 자랑스러운 감정이기도 했다.

안나는 그가 어떻게 이런 곳에 와 있는가를 물어볼 필요는 없었다. 안나는 그가 자기가 있는 곳에 있고 싶었기 때문에 온 것이라고 말한 것이나 다름없이 정확하게 그것을 알고 있었다.

"저는 선생님께서 탔으리라곤 생각하지 않았는데, 왜 돌아가시지요?"

안나는 기둥을 붙잡으려던 손을 내리면서 말했다. 숨길 수 없는 기쁨과 순식간에 되살아난 생기가 그의 얼굴에 감돌고 있었다.

"왜 돌아가느냐고요?"

우론스키는 안나의 눈을 조용히 들여다보면서 되물었다.

"제가 당신이 있는 곳에 있고 싶다는 것을 잘 아실 텐데요. 저로서도 어쩔 수가 없었습니다."

우론스키가 말했다.

이때 마침 바람은 장애물을 정복해 버릴 듯이 열차 지붕에서 눈을 불어 내리며, 깨진 새 양철 조각들을 날려 버렸다.

양쪽에서 음산한 기적 소리가 울리기 시작했다. 모진 풍설은 안나의 눈에 비장함을 더해 주는 것만 같았다.

그는 안나가 마음속으로는 생각하면서도 이성으로는 두려워하고 있던 사실을 말한 것이다. 그녀는 아무 말도 하지 않았으나, 그는 그 표정에서 간파했다.

"제가 드린 말씀이 불쾌했다면 용서하세요."

그는 솔직하게 말했다. 그는 은근하고 정중한 말투였지만, 안나가 한참 동안 아무 대꾸도 하지 못할 만큼 빈틈없고 끈기 있는 태도로 말했다.

안나는 마침내 입을 열었다.

"그건…… 당신의 말씀은 옳지 못해요. 당신이 옳은 분이시라면 정말 그 말씀은 잊어주세요. 저도 잊어버리겠습니다."

"더 말씀 마세요. 이제는 그만 하세요."

안나는 우론스키가 집어삼킬 듯이 응시하고 있는 자기 얼굴에 냉정한 표정을 지으려고 안간힘을 쓰면서 말했다.

그리고는 차디찬 버팀대에 매달리듯이 층층다리에 한 발을 걸쳐놓고는 재빨리 찻간 입구로 들어섰다.

그러나 그 좁다란 입구에서, 안나는 지금 막 일어났던 일들을 머릿속에 되새기면서 발을 멈추었다.
  안나는 자기가 한 말, 그리고 그가 한 말을 별로 심각하게 생각하지 않았지만, 그 감정에 의해 이 1분도 되지 않는 시간에 서로가 주고받은 이야기는 두 사람의 사이를 무서우리만큼 가까이 하게 했다는 것을 깨달았다.

―《안나 카레니나》 중에서

Daily stories

12월 1일

가령 나이 많은 사람이(나이 많은 사람이란 많은 경험에 의하여 현명해진 사람을 말한다), 그대를 보고 "깨뜨려라." 한 것을 젊은 사람이 "만들어라." 한다면 깨뜨리는 것이 좋다. 결코 만들어서는 안 된다. 왜냐하면 나이 많은 사람의 깨뜨리라는 말은 만들라는 말과 같지만, 젊은 사람의 만들라는 말은 깨뜨리라는 말과 같기 때문이다.

노인을 존경하라. 그가 지금까지의 지식을 모두 잊어버렸을 만큼 노령인 때는 더욱 그러하다.

12월 2일

세상 사람들이 자신의 이성이나 양심이 가르치는 대로의 일과 위치를 택하지 않고, 자신의 의지로는 도저히 도달할 수 없는 환경에서 생활하려고 마음을 썩이고 있음은 보기에도 딱한 일이다. 또 사람들은 자기가 한 번 본 일은 무엇이나 처음부터 정당한 것인 줄 믿으며, 그 일이 참으로 좋은 것인지 나쁜 것인지를 검토하려고 하지 않는다.

사람들은 그저 그 일을 잘하려는 데에만 모든 정신을 쏟고 있다.

그러나 만일 사람들이 자기들이 하고 있는 일의 본질을 검토할 결심만 한다면 전혀 다른 일을 하고 싶어 하는 경우가 많을 것이다.

우리는 자신이 하고 있는 일의 본질에 대하여 좀 더 깊이 숙고할 필요가 있다.

―파스칼

12월 3일

모든 지식을 기울여 자신의 의무를 찾는 사람은 도덕의 가르침을 눈앞에서 본다. 자신의 의무를 완수하려고 힘을 다하는 사람은 인류애, 즉 모든 사람들의 행복에 대한 희망을 눈앞에서 본다. 자신의 의무를 완수함에 있어서 힘의 부족을 부끄러워하는 사람은 그것을 완수함에 필요한 정신력을 눈앞에서 본다.

―중국 성언

모든 참다운 행복과 기쁨은 노동과 눈물로써만 얻을 수 있다. 그리고 모든 정직한 사람의 마음은 항상 다음과 같은 것을 자문해야 한다. 자신은 그것 때문에 즐겁고 죽을 수 있다는 신념에 대해서이다. 또 그것보다 더 중요한 것이 어디 있겠느냐라는 자문.

―러스킨

12월 4일

해야 할 일을 하는 것, 이것은 매우 중요한 문제이다. 왜냐하면 그대 인생의 유일한 의미는 그대가 이 주어진 짧은 생애에서 그대를 지상으로 보내 준 신이 그대에게 원하신 일을 하고 있는가 하는 그 문제 속에만 있다.

그대는 그것을 하고 있는가?

사람은 자신의 갈 길을 생각한다.

그러나 그 길을 일러 주는 것은 신이다.

―유대 경전

12월 5일

남이 과오를 범하는 것을 보더라도 결코 책망하지 마라. 고의로 과오를 범할 사람은 없다고 생각하라. 장님이 되기를 바라는 사람은 아무도 없다. 과오를 범하는 사람은 허위를 진실이라고 믿고 있다. 한 번도 과오를 범한 일이 없다고 장담할 사람은 없다. 또한 눈앞에서 진실을 보면서도 일부러 그 진실을 받아들이지 않는 사람은 없다. 사람들은 이해하지 못하기 때문에 진실을 받아들이지 못하는 것이다. 진실이 악인 것처럼 생각되어, 죄의 판결을 할 것이 아니라는 생각을 갖기 때문에 받아들이지 않는 것이다.

이런 사람들의 과오에 대해서는 책망할 것이 아니라 오히려 동정해야 할 것이다. 왜냐하면 이러한 사람들의 양심은 병들어 있는 것이나 다름없기 때문이다.

—에픽테토스

12월 6일

우리가 죄악을 범했을 때는, 이어서 자기 자신과의 투쟁이 벌어지며, 자기 자신에게 제재의 폭압을 가해야 하는 것은 말할 것도 없다. 그러나 이 폭압은 어디까지나 사랑에서 나오는 것이어야 하고 법칙에 맞아야 한다.

어머니는 자기 자식이 맹수에게 쫓길 때 폭력으로써 그 자식을 맹수의 입에서 지킨다. 어린아이는 그 때문에 쓰라린 꼴을 당하지만 물론 어머니를 원망하지 않는다. 자기를 집어삼키려는 맹수를 미워한다.

인간에게 있어서는 신앙과 부정 사이의 투쟁에 비길 수 있다. 신앙은 그 어머니와 같이 우리의 영혼에서 부정을 제거한다. 비록 그 투쟁이 우리에게 고통을 줄지라도 그것은 부득이한 일이며 우리에게 행복을 가져다주는 것이기도 하다.

만일 신이 이와 같은 투쟁도 없이 그냥 그대로 우리를 내버려 둔다면 우리는 더욱더 불행해질 것이다.

이와 같은 투쟁 없이는 우리에게 신앙이 생길 까닭도 없다.

—파스칼

12월 7일

뛰어난 사람들과 알게 된다는 것은 좋은 일이다. 그들과 함께 살게 된다는 것은 행복이다. 용렬한 사람들과 사귀지 않으며, 함께 어울리지 않는 사람은 행복하다.

—잠파다

사람이 슬기롭게 되면 될수록, 선량하게 되면 될수록 더욱더 남의 선행을 인정할 줄 알게 된다.

—파스칼

12월 8일

우리의 가장 고상한 상념은 우리 자신이 지배할 수 없다. 또 대부분은 그 자체의 본성에 의하여 발생하는 것이라고 생각한다.

우리의 영감은 불시에 나타나는 것이다. 그것은 그것을 얻은 사람 자신에 의해 지배되는 것이 아니다. 예언자가 자신의 말이나 사상을 지배할 수 없듯이 그들 자신이 지배할 수 없다.

그러나 만약 어느 사람이 참다운 교양을 가져서 이성이 침착하고 꿋꿋한 힘을 가졌다고 하자. 그때는 그의 영감도 완전한 거울에 비치듯 똑똑하게 바르게 비칠 것이다. 이성이 비뚤어진 성장을 하거나 불완전할 때는, 영감도 깨어진 거울에 비치듯 비뚤어져 보이는 법이다. 그리하여 그 사람의 정욕은 구겨지고 비뚤어진 대로 영감을 덮어 버리고, 곧고 비뚤어지지 않은 부분은 거의 남지 않는다.

―러스킨

12월 9일

사람은 경솔함의 노예가 되기 전에는 죄를 범하지 않는다.

―유대 경전

모든 사물들 속에서 오직 우수한 부분만을 발견하는 습관은 그 사람의 마음이 얕다는 증거이다. 왜냐하면 우수한 부분은 언제나 쉽게 눈에 띄도록 그 표면에 가로놓여 있는 것이기 때문이다.

―아리스토텔레스

어떤 악일지라도 가볍게 여겨서는 안 된다. 마음속으로 이것은 나와 관계없는 일이라고 생각해서는 안 된다. 물방울이 모여서 그릇을 가득 차게 한다. 조금씩 악을 범하면 나중에는 악으로써 꽉 차게 된다.

어떤 신에 대해서도 부주의해서는 안 된다. 마음속으로 나 같은 사람은 도저히 따를 수 없는 것이라고 생각해서는 안 된다. 한 방울 한 방울이 모여 나중에는 그릇이 가득 찬다. 조금씩 선을 쌓음으로써 성자는 선으로 꽉 차는 것이다.

—잠파다

12월 10일

모든 것은 신의 힘 속에 있다. 오직 신 또는 자신에게 봉사하려는 희망만이 우리의 것이다.

우리의 머리 위로 날아다니는 새들을 방해할 수는 없다. 그러나 머리 위에 집을 짓지 못하게 할 수는 있다.

마찬가지로 우리는 머릿속에서 번쩍이는 악한 사상을 없앨 수 없다. 그러나 그 악한 사상이 머릿속에 집을 짓거나 악한 행위가 드나드는 것을 막을 수는 있다.

—루터

12월 11일

자기 자신을 올바르게 한다는 것은 참으로 곤란한 일이다. 그러나 그 자체에 있어서는 곤란한 일이 아니다. 그것은 자기 자신을 올바르게 하지 않으면 안 될 죄악에 우리가 너무 오랫동안 사로잡혀 있었기 때문에 곤란한 것이다.

우리 속에 깊은 뿌리를 내린 악이 있을수록 자기 자신과의 투쟁에서 경험하는 고뇌 또한 클 것이다. 우리는 이 피할 수 없는 투쟁을 우리에게 내린 것이 신의 책임이라고 생각해서는 안 된다. 왜냐하면 우리 자신 속에 죄가 없었더라면 투쟁도 있을 수 없었을 것이기 때문이다. 즉 그 투쟁의 원인은 우리 자신의 불신앙에 있다. 그 신앙 속에 우리의 구원은 있다. 만약 신이 우리에게 이 투쟁을 주지 않았다면, 우리 불쌍한 인간은 언제까지나 그 죄악으로부터 벗어나지 못할 것이며, 불행할 것이다.

―파스칼

12월 12일

예수님께서 그들에게 비유를 들어 말씀하셨다.

"어떤 부유한 사람이 땅에서 많은 소출을 거두었다. 그래서 그는 속으로 '내가 수확한 것을 모아둘 데가 없으니 어떻게 하나?' 하고 생각하였다. 그러다가 말하였다. '이렇게 해야지. 곳간들을 헐어 내고 더 큰 것을 지어, 거기에다 내 모든 곡식과 재물을 모아두어야겠다. 그리고 나 자신에게 말해야지. 자, 네가 여러 해 동안 쓸 많은 재산을 쌓아 두었으니, 쉬면서 먹고 마시며 즐겨라.' 그러나 하느님께서 그에게 말씀하셨다. '어리석은 자야, 오늘 밤에 네 목숨을 되찾아 갈 것이다. 그러면 네가 마련해 둔 것은 누구 차지가 되겠느냐?"

―〈루카 복음서〉 12장 16~20절

"이 많은 재산은 모두 내 소유물이다."

이것이 어리석은 자의 생각이다. 그 자신이 그의 소유물이 아닌데 어찌하여 가축이나 재산이 그의 소유가 될 수 있단 말인가?

―잠파다

12월 13일

사람들이 현자에게 물었다.

"자신의 덕을 크게 하고 결점을 바로잡으며, 그릇된 생각을 알아내려면 어찌해야 좋을까요?"

현자가 대답했다.

"참으로 훌륭한 질문이오. 나는 이렇게 말하겠소. 자신의 덕을 크게 하기 위해 해야 할 의무를 높게 생각해야 하며, 그럼으로써 생기는 보수에 대해서는 일체 생각하지 않는다는 것이다. 자기의 결점을 바로잡기 위하여 타인의 결점을 바로잡아 줄 것을 생각할 필요는 없소. 그릇된 생각을 알아내기 위해서는 겸손해야 하며, 자기라는 것을 믿지 않아야 하오."

―중국 성언

12월 14일

"세월은 흘러간다."

그대는 바르게 알지도 못하면서 이렇게 말하는 게 입버릇이 되었다. 그러나 세월은 머물러 있다. 흘러가는 것은 그대 자신이다.

―유대 경전

시간이라는 것은 우리의 뒤에 있다.
그리고 우리의 앞에 있다.
그러나 우리의 면전에는 없다.

―격언

12월 15일

어떤 잘못 속에도 진실은 있다. 어떤 진실 속에도 잘못의 원인은 있다.

―리켈트

어떤 큰 결점이 있을수록 그 사람의 다른 부분은 한층 더 잘 보인다는 말이 있다.

―러스킨

12월 16일

결코 자진하여 만족을 찾지 마라. 언제나 모든 것 속에서 만족을 얻을 용기를 가져야 한다. 두 손이 일에 얽매어 있더라도 마음은 자유이다. 가장 부질없이 보이는 것일지라도 그대에게 만족을 가져올 수 있다. 그대가 들을 수 있는 모든 것에서 흥미와 유쾌함을 찾아낼 수 있다.

그러나 만일 그대가 만족을 인생의 목적으로 삼는다면 아무리 훌륭한 희극을 대할지라도 마음에서 우러나오는 웃음을 웃을 수 없는 날이 찾아올 것이다.

―러스킨

12월 17일

너무도 흔한 경험으로 인해 우리는 다음과 같은 것을 알게 된다. 사람들은 무엇보다도 자기 입에 대하여 무력하다는 것.

―스피노자

싸우기를 삼가라. 아무도 강제로 설복하지 마라. 의견이란 못과 같은 것, 때리면 때릴수록 깊이 들어간다.

12월 18일

조용한 것은 조용하게 놓아둘 수 있다. 아직 나타나지 않은 것은 억제하기가 쉽고 약한 것은 부수어 버리기가 쉽다.

사물은 그것이 나타나기 전에 조심하라. 무질서가 되기 전에 질서를 잡으라. 큰 나무도 가늘고 작은 가지가 성장한 것이다.

10층 탑도 작은 벽돌이 쌓여진 것이다. 천 리 길도 한 걸음부터 시작되는 것이다.

최후에 이르기까지 최초와 같이 주의 깊게 하라. 그때에 비로소 어떠한 일일지라도 완수할 수 있을 것이다.

―노자

12월 19일

내 진실로 너희에게 말한다. 밀알 하나가 땅에 떨어져 썩지 않으면 한 알 그대로 있고, 썩으면 많은 열매를 맺는다.

—〈요한 복음서〉 12장 24절

인생의 목적은 만물 속에 사랑을 가지고 파고 들어간다는 것이다. 서서히 끊임없이, 부지런히 이 세상의 악을 선으로 전환시킨다는 것이다. 그것은 곧 참다운 생활을 창조한다는 것이다. 왜냐하면 참다운 생활이란 사랑의 생활이기 때문이다. 그것은 또한 참다운 생활, 사랑의 생활을 산출함을 말하는 것이기도 하다.

12월 20일

악한 국민은 성자를 십자가에 매달거나 추방한다. 그리고 어리석은 사람을 자유로이 방황하게 하며 마음대로 하게 한다.

현명한 국민은 성자의 말에 따른다. 그리고 어리석은 자를 누르며 또한 양쪽을 다 사랑한다.

—러스킨

가장 위대한 현자가 힘을 갖고 있는 곳에서는, 사람들은 그 힘에 복종하면서도 그 현자의 존재를 깨닫지 못한다. 그다음 가는 현자가 지배하는 곳에서는 사람들은 그를 두려워한다. 그리고 가장 위대하지 못한 현자가 지배하는 곳에서 사람들은 그를 경멸한다.

—노자

12월 21일

다음의 위대하고도 불변인 진리를 항상 기억하라. 즉 모든 경제적 법칙 및 기초는 한 개인이 소유하는 물건은 다른 아무도 소유할 수 없다는 것. 그러나 한 개인이 이용하고 소비하는 어떤 물건의 요소일지라도 그 자체가 전 인류 생활의 대부분을 형성하고 있다는 이 점에 있는 것임을 기억하라.

만일 한 개인의 생활이 현대 생활의 지지 또는 구제의 선을 따라서 걸으며 혹은 보다 위대한 생활의 발전 또는 창조의 선을 따라서 걷고 있다면 소비 또한 선이라고 할 수 있다. 하지만 그 반대 경우에는 소비는 생활의 발전을 방해하며 멸망시킬 것이다.

―러스킨

12월 22일

소박하고, 착하고, 깨끗하며, 바르고, 신앙이 깊고, 정직하고, 용기 있으며, 동정심이 많은 인간이 되어라. 그리고 자기 의무에 열중하라. 무슨 일에 있어서나 이성과 양심이 명하는 바를 따라서 행동하도록 노력하라.

모든 사람의 행복을 위하여 마음을 쓰라. 인생은 짧다. 인생의 가장 고귀한 열매를 놓치지 않도록 하라. 행복을 위하여 선행을 쌓는 것을 잊어서는 안 된다.

―마르쿠스 아우렐리우스

12월 23일

사람들이여, 그 누가 그대들을 비방하는 말을 하거든 대수롭게 생각할 것 없이 쓸데없는 짓이라고 생각하라. 그러나 그대가 남의 욕을 입 밖에 내었을 때는 그렇게 대단한 말을 한 것이 아니라고 생각하거나 양심을 속이거나 해서는 안 된다. 절대로 그렇게 생각해서는 안 된다. 그대가 욕한 사람에 대하여 진심으로 사과하고 참된 기도와 우정으로써 완전히 다시 사이가 좋게 될 때까지 그 욕을 중대한 것으로 생각하라.

―유대 경전

12월 24일

지식을 얻는 길은 백합꽃이 만발한 부드러운 잔디 위로 통하는 길이 아니다. 항상 인간은 험한 산등성이의 길을 올라가지 않으면 안 된다.

―러스킨

악한 일은 행하기 쉽다. 우리에게 불행을 가져오는 일은 행하기 쉽다. 우리에게 참된 행복과 선을 가져오게 하는 데는 근로와 노력이 있어야 한다.

―잠파다

12월 25일

자기 자신을 존중함과 같이 남을 존중하며 남이 자기에게 해 주기를 원하는 바를 남에게 해줄 수 있다면 그는 사랑을 아는 사람이라고 할 수 있다. 이 세상에 그 이상의 것은 없다.

―공자

사람들은 자기 두뇌나 마음을 살찌게 하기 위해서라기보다는 몇천 배나 더 많이 부를 얻기 위하여 마음을 쓰고 있다. 그러나 우리의 행복을 위하여 소용되는 것은 분명히 인간의 외부에 있는 것보다 내부에 있는 것이다.

―쇼펜하우어

12월 26일

그리스도가 말했다.

"보습에 손을 다친 후 뒤를 돌아보는 자는 천국에 들어가지 못한다."

참된 덕을 갖춘 자는 결코 뒤돌아 자기의 그림자를, 즉 명예를 살펴보려고 하지 않는다.

―괴테

12월 27일

"악의 근원은 진리에 대한 무지이다."

석가모니는 이렇게 말했다.

이 근원으로부터 모든 오류의 나무가 성장하며 그리하여 몇 천 몇 만이라는 고뇌의 열매를 맺는다.

무지에 대한 방법은 단 하나, 안다는 것이다. 그리고 참다운 지식은 오직 자기완성을 통해서만 얻어진다. 여기서 사회악을 제거한다고 할 때도 사람들이 보다 높은 세계관을 얻어 일체 행위를 그 세계관에 적응시키고 자기 자신을 향상시킨다는 사실에 의해서만 얻어진다.

그러므로 사람마다 자기 자신이 향상되지 않는 한 이 세계의 생활을 향상시키기 위한 그 어떤 시도도 소용이 없다는 결론이 나온다. 그리고 개인이 제각각 향상된다는 것이 이 세계의 생활을 향상시키기 위한 가장 확실한 방법이라는 결론도 나온다.

—프란츠 칼트만

12월 28일

비록 아무리 하찮고 보잘것없는 행위라고 할지라도 항상 위대한 목적을 위하여 쓸모 있게 할 수 있다. 작은 행위로는 목적을 달성할 수 없더라도 그것을 위한 힘은 얻을 수 있기 때문이다. 이 세상에 있어서의 가장 큰 목적, 즉 신을 기쁘게 해 드린다는 목적에 있어서는 더욱 그러하다.

―러스킨

12월 29일

육체는 파멸한다. 그것을 이해함으로써 그대는 영원불멸의 것을 볼 수 있게 될 것이다.

―잠파다

신은 모든 것을 본다. 그러나 우리는 신을 보지 못한다. 그와 같이 정신은 눈에 보이지 않는다. 그러나 그것은 모든 것을 보고 있다.

―유대 경전

인간들이여, 정신 속에 살라. 인생의 본질을 육체의 생활로 돌리지 마라. 육체는 힘을 담고 있는 그릇에 지나지 않는다. 인간의 모든 표면적인 것은 오직 그 정신의 힘에 의해서만 살아있다. 정신이 없는 육체는 온전할 수 없는 자동차와 같으며, 렌즈 없는 사진기와도 같다.

―마르쿠스 아우렐리우스

12월 30일

우리가 사소한 가르침이라도 깨뜨린다면 결국에는 중대한 가르침까지 깨뜨리고 말 것이다. 만약 '자기 자신을 사랑하듯 이웃을 사랑하라.'는 가르침을 깨뜨린다면 거기에 따라 여러 가지 가르침, 즉 '복수하지 마라.', '악을 행하지 마라.', '형제를 미워하지 마라.'는 등 모든 가르침을 깨뜨리고, 결국은 피를 흘릴 것이다.

―유대 경전

12월 31일

인생의 법칙을 안다는 것은 다른 어떠한 지식보다도 참으로 중요하다. 자기완성과 자기 보존을 향하여 우리를 똑바로 인도해 주는 지식이 무엇보다도 먼저 필요한 지식이다.

―스펜서

톨스토이
아름다운 세상

초판 1쇄 인쇄 2016년 2월 12일
초판 1쇄 발행 2016년 2월 22일

지 은 이 L. N. 톨스토이
옮 긴 이 동완
펴 낸 이 신원영
펴 낸 곳 (주)신원문화사

편   집 김순선 최미임
디 자 인 송효영
영   업 이정민
총   무 한선영 신주환 홍금선
관   리 김용권 박윤식
경영지원 윤석원

주   소 서울시 영등포구 당산동 121-245 신원빌딩 3층
전   화 3664-2131~4 팩   스 3664-2130
이 메 일 bookii7@nate.com 트 위 터 @shinwonhouse
출판등록 1976년 9월 16일 제5-68호

* 파본은 본사나 서점에서 교환해 드립니다.

ISBN 978-89-359-1722-8 03800